fassbar, greifbar
bar gewordenes
Glücksgefühl.
Wim Wenders

Ich kann nicht ohne!

Nichts ist falsch an Schokolade! Essen Sie sie, wann immer Sie möchten. Nur nicht stellvertretend. Sie wollen Schokogenuss? Dann los. Sie wollen Anerkennung? Beachtet werden? Frieden im Büro? Dann holen Sie sich das und heben Sie sich die Schokolade für schöne Momente auf.

Im Büro, am Nachmittag oder abends vor dem Fernseher – scheinbar unvermutet erwischt uns die unbezwingbare Lust auf Schokolade. Kaum ist das Papier aufgerissen, gibt es kein Halten mehr. Alles meins! Schnell das erste Stückchen in den Mund gesteckt und – mhhh, ja! Genau das haben wir gebraucht. Süß, weich und zart zergeht es auf der Zunge, entstresst sofort, lässt uns träumen und die Zeit vergessen.
Schokolade ist der süße Trost bei seelischen Schieflagen, beim Ärger mit dem Chef, Frust im Büro, Krach mit der Freundin und erst recht beim Streit mit dem Liebsten. Sie beruhigt uns, stopft Energielöcher, bringt Hirn und Körper auf Trab und hilft uns in einsamen Stunden. Und so essen wir sie meist, wenn wir im Stress sind oder uns unwohl fühlen.

Aber hilft uns das? In den meisten Fällen wohl eher nicht. Anstatt das zu bekommen, was wir wollen, zeigt uns die Schokolade ihre dunkle Seite. Wenn wir sie mechanisch in uns hineinstopfen, auf die Schnelle hinunterschlingen, nebenbei verzehren, ohne wahrzunehmen, was wir da eigentlich tun, dann rächt sich das bitter: Zurückbleiben schale Gefühle, Völle, ein schlechtes Gewissen und schließlich das ungeliebte Hüftgold.
Doch Schokolade ist viel zu schade, als dass wir sie als Stellvertreter für andere Bedürfnisse missbrauchen! Im Gegenteil: Wenn wir uns die Zeit nehmen, Schokolade zu genießen, sie auf der Zunge schmelzen zu lassen, und uns ihr ganz hingeben, dann kann sie uns sogar beim Abnehmen helfen.

62 1. Woche

98 2. Woche

Kei

Sie möchten abnehmen? Doch Sie können auf Ihre geliebte Schokolade nicht verzichten? Dann haben wir eine gute Nachricht für Sie: Sie dürfen täglich Schokolade essen und werden trotzdem schlanker! Wie das geht? Ganz einfach. Wir haben ein ausgeklügeltes Zwei- bis Vier-Wochen-Programm für Sie zusammengestellt, mit dem Sie drei bis sechs Pfund abnehmen können. Und das, ohne auf Ihre geliebte Schokolade zu verzichten.

Gegensatz

Sie bevorzugen mehr Schokolade auf einmal? Kein Problem. Heben Sie sich Ihre tägliche Ration bis zum Wochenende auf. Dann setzen Sie sich gemütlich auf Ihr Sofa und genießen Schoko satt. Abnehmen werden Sie in jedem Fall – vorausgesetzt, Sie halten sich an unsere Vorgaben. Damit Sie unser Programm problemlos umsetzen können, haben wir ausführliche Einkaufslisten geschrieben und leckere Rezepte entwickelt. Doch wir bieten Ihnen mehr als Abnehmen mit Schokolade – wir zeigen Ihnen die Lust am Genuss. Darauf haben wir besonderen Wert gelegt. Denn: Schoko schlingen kann jeder. Besser Sie fangen an, Schokolade lustvoll zu schlemmen. Denn nur Genuss macht dauerhaft schlank. Und hilft sogar beim Abnehmen. Der Trick ist einfach: Machen Sie die Schokolade zu Ihrer Freundin. Dann haben Sie die süße Versuchung ganz auf Ihrer Seite – und bleiben schlank.

Wir wünschen Ihnen viel Erfolg, noch mehr Vergnügen und ganz viel Lust beim Abnehmen mit Schokolade!

Karin und Roland Possin

Ernährungswissenschaftler

Schokolade ist
und vor allem ess

Sind Sie ein Schokoholic?

Schauen wir uns doch jetzt mal an, weshalb Sie nicht widerstehen können, wenn es um Schokolade geht. Es kann nämlich verschiedene Gründe geben, weshalb sich das Verlangen nach Schokolade bei Ihnen übermächtig bemerkbar macht: sowohl körperliche wie auch seelische.

Für eine Sucht nach Schokolade gibt es nicht nur seelische Gründe, sondern sie kann durchaus auch körperliche Ursachen haben.

Unsere Erfahrung aus der Ernährungsberatungspraxis zeigt, dass häufig ein Ungleichgewicht der Darmflora, hervorgerufen durch den Pilz Candida albicans ein regelrechtes Suchtverhalten gegenüber süßer Schokolade auslöst. Hat man besonders nach dem Genuss von Süßigkeiten Blähungen, so deutet dies eventuell darauf hin, dass sich zu viele Pilze im Darm tummeln. Da diese Kleinstlebewesen sehr gefräßig sind und einen großen Teil des Zuckers für sich behalten, kommen dadurch zu wenige Kohlenhydrate im Blut an. Und dies verursacht ein ständiges Hungergefühl nach Süßem. In solch einem Fall sollte man beim Arzt oder Heilpraktiker eine Stuhlprobe auf Candida albicans untersuchen lassen. Eine anschließende Darmsanierung weist dann nicht nur den Pilz in Schranken, sondern verringert auch das Bedürfnis nach Süßem. Eine weitere gesundheitliche Störung, die eventuell einen Heißhunger auf Schokolade auslöst, ist die „maskierte Allergie“. Hierbei laufen die Unverträglichkeitsreaktionen im Vergleich zu einer echten Allergie unabhängig vom Immunsystem ab und sind daher schwer feststellbar. Zudem zeigen sich die Symptome wie Migräne oder Depression erst einige Stunden oder Tage nach dem Konsum des Lebensmittels.

Sie wollen also abnehmen! Warum? Machen Sie sich zunächst die Gründe klar: Hat jemand eine Bemerkung gemacht? Finden Sie die Models in den Zeitungen „figurtechnisch" schöner als sich selbst? Oder fühlen Sie sich momentan ein bisschen unwohl, weil die Hose kneift und Sie keine Lust haben, Ihre Kleider fortan eine Nummer größer zu kaufen, oder weil Ihr Arzt Ihnen geraten hat, ein wenig Gewicht zu verlieren? Nur die letzten Gründe gelten.

Es ist wirklich nicht notwendig, den Traumfiguren nachzueifern, die uns aus Film und Fernsehen entgegenlächeln. Auch wenn der Wunsch, so eine Figur zu haben wie Heidi Klum oder Brad Pitt, sicherlich erst mal verständlich ist. Doch machen Sie sich klar: Sie sind anders. Sie haben einen Job, vielleicht Kinder und keinen Personalcoach, mit dem Sie täglich trainieren. Und Sie haben einen ganz anderen Körperbau und andere Gene.

Gerade deswegen sind Sie einmalig auf der Welt und etwas ganz Besonderes. Sie brauchen kein belangloses Schönheitsideal zu kopieren. Denn Sie sind das Original. Seien Sie authentisch. Stehen Sie zu sich selbst. Dann strahlen Sie eine selbstbewusste Schönheit aus, gegen die kein Model ankommt. Sich selbst anzunehmen, genau so, wie man im Moment ist, bildet die Basis für ein entspanntes Leben. Und diese Gelassenheit erleichtert es Ihnen auch, Ihr Wohlfühlgewicht zu erreichen.

Wenn es auf Anhieb nicht gelingt, bitte verzweifeln Sie nicht. Bewahren Sie sich Ihre Gelassenheit, lassen Sie Ihre Gedanken nicht ständig ums Abnehmen kreisen und beginnen Sie das Programm von Neuem.

Falsche Idole?

Charakteristisch für diese Unverträglichkeitsreaktion ist, dass man sich nach dem Genuss des Nahrungsmittels zunächst besser fühlt und die Laune steigt. Nur meist rufen genau die Dinge Reaktionen hervor, die zu den Lieblingsspeisen zählen, wie Kuhmilch, Kaffee oder Zucker und damit auch Schokolade. Hier kann sich sogar ein Suchtverhalten entwickeln. Das geht möglicherweise so weit, dass sich durch den Verzicht auf das geliebte Lebensmittel Entzugserscheinungen zeigen. Löst man sich nicht von seiner Sucht und isst das „Corpus Delicti" Tag für Tag weiter, reagiert der Körper eventuell im Laufe der Zeit mit einer massiven Unverträglichkeit wie Kopfschmerzen. Maskierte Allergien lassen sich nicht durch die üblichen schulmedizinischen Allergietests feststellen, sie erfordern die Diagnose eines Naturheilkundearztes, Umweltmediziners oder allergieerfahrenen Heilpraktikers.

Gesundheitliche Ursachen für Heißhunger auf Schokolade können eine maskierte Allergie oder zu wenig Serotonin sein.

Oder fällt Ihnen auf, dass Sie besonders in der kalten und dunklen Jahreszeit zur Schokosucht neigen? Das kann ein Hinweis darauf sein, dass Ihr Inneres nach Serotonin verlangt, siehe Seite 26. Sonnenlicht regt die Bildung dieses Glückshormons an; doch davon gibt es ja im Herbst und Winter weniger. Bekannt ist, dass auch Zucker den Gute-Laune-Faktor aktiviert, und das ist der Grund, warum in der lichtarmen Zeit die Lust auf Süßes steigt. Damit das Verlangen aber nicht überhand nimmt, hilft nur eins: sich auch in der kalten Jahreszeit aufraffen und rausgehen – und sei es nur für 20 Minuten in der Mittagspause.

Doch nicht nur körperliche Ursachen machen uns zum Schokoholic. Es gibt auch seelische Gründe für exzessiven Schokogenuss. Vielleicht wurden wir als Kind für gute Leistung mit Schokolade belohnt, vielleicht mit Süßigkeiten getröstet – solche Bräuche begleiten uns oft ein ganzes Leben lang, ohne dass wir uns dessen bewusst sind.

Ebenso mag es sein, dass Sie Schokolade essen, obwohl Sie eigentlich etwas ganz anderes wollen. Vielleicht greifen Sie ja zur Schokolade, weil sich das so vertraut und geborgen anfühlt? Oder weil Sie sich langweilen? Oder weil Ihnen ein Mensch fehlt, mit dem Sie sprechen können? Oder Sie ärgern sich, weil die Geburtstagsparty geplatzt ist? Es gibt jede Menge Gründe, Schokolade zu vertilgen. Und nur einer davon ist, weil wir gerade Lust auf Schokolade haben.

Wir essen nicht nur um unseren Körper zu ernähren, sondern auch um unsere Seele zufrieden zu stellen. Sorgen wir nicht ausreichend für unser seelisches Wohlbefinden, kann Hunger auf Süßes entstehen.

Prüfen Sie bei der nächsten Schoko-Attacke genau Ihre Beweggründe. Wenn Sie wirklich und wahrhaftig Lust auf Schokolade haben, essen Sie sie. Mit höchstem Genuss. Wenn es aber eigentlich etwas anderes ist, was Sie möchten, dann spüren Sie genau in sich hinein, was es ist. Und handeln Sie entsprechend. Sollten Sie das (noch) nicht alleine können, holen Sie sich Hilfe.
Genau das ist es, was wir Ihnen – zusammen mit dem Abnehm-Programm – vermitteln möchten: Schokolade, die um ihrer selbst willen mit Genuss verspeist wird, macht nicht dick. Vor allem nicht, in Kombination mit einer gesunden ausgewogenen Ernährung.

Tipps für Schokoholics

Schokolade ist wie eine gute Freundin, von der wir lernen können, zu genießen. Genuss gehört zum Leben dazu.

- Gibt es Hinweise auf Darmpilze oder eine maskierte Allergie? Lassen Sie das schnell abklären.
- Fühlen Sie sich vor allem im Winter von Schokolade & Co. magisch angezogen? Dann wird es Zeit, Ihren Serotoninspiegel aufzupeppen. Dies funktioniert durch vitalisierende Kohlenhydrate, also Obst, Vollkornprodukte und in Maßen ungesüßten Joghurt, Kefir oder Buttermilch. Für eine Extraportion Glückshormone sorgen auch der Aufenthalt an frischer Luft und sportliche Betätigung. Für besonders Stressgeplagte: Kaufen Sie sich eine Vollspektrumlampe, die dem realen Tageslicht angepasst ist, sie gewährleistet eine ausreichende „Lichtzufuhr".
- Gehören Sie zu denjenigen, die immer erst mit dem Schokoladeessen aufhören, wenn nichts mehr von der Tafel übrig ist? Dann kaufen Sie sich eine 50-Gramm-Packung, um sich selbst auszutricksen.
- Treffen Sie mit sich die Abmachung, dass Sie Schokolade nicht neben dem Fernsehen oder während der PC-Arbeit zu sich nehmen. Essen Sie abgelenkt, nimmt Ihr Gehirn nicht wahr, welche Mengen Sie verputzen. Übernehmen Sie die Verantwortung dafür, wie viel Sie sich einverleiben, indem Sie mit Ihren Gedanken ganz bewusst beim Schokogenuss sind.
- Damit nicht Langeweile Sie zum Schokoladenessen verführt – wie wäre es mit einem Hobby? Eins, das so richtig Spaß macht und Sie ausfüllt.
- Vielleicht weisen Ihre Schoko-Attacken darauf hin, dass Sie sich nie an Hauptmahlzeiten satt essen und deshalb bald wieder Hunger haben? Den stillen Sie

dann mit Schokolade? Das Zwei-Wochen-Schoko-Programm ist die beste Möglichkeit, dies herauszufinden. Denn die vitalisierenden Mahlzeiten sättigen, sodass es nicht zu einem baldigen Hungergefühl kommt.

- Erlesene Schokolade hat zwar ihren Preis, aber sie hilft Ihnen, zum Schoko-Gourmet zu werden und sich Stückchen für Stückchen der exquisiten Köstlichkeit auf der Zunge zergehen zu lassen. Edel-Schoko animiert mehr zum Wenigeressen als Billig-Schokolade!
- Wussten Sie, dass Stress nicht nur nervig und ungesund ist, sondern unter Umständen auch dick macht? Während Stress bei den einen auf den Magen schlägt, fangen andere an, Essen in sich hineinzustopfen. Bei einigen Menschen scheint Leistungsdruck den Stoffwechsel im Gehirn durcheinander zu bringen. Das Gehirn greift dann nicht auf die Energiereserven des Körpers zurück, sondern signalisiert durch ein ständiges Hungergefühl, dass es Nahrung will. Es fordert also Nachschub von außen – und zwar mehr, als der Körper verbraucht. Da hilft nur eins: sich möglichst jeden Tag Zeit zum Entspannen gönnen. Denken Sie daran, jeder Ausgleich hilft, Pfunde loszuwerden. Außerdem wichtig: Setzen Sie sich nicht mit dem ständigen Gang zur Waage unter Druck – denn dies verstärkt nur den inneren Stress ... und macht dick!
- Tauschen Sie Vorsätze wie „Nie mehr Schokolade" oder „Auf keinen Fall Schokolade" ein gegen eine bestimmte Menge, die Sie sich zugestehen. Also beispielsweise mit zwei Tafeln Schokolade in der Woche auszukommen statt mit einer täglich wie bisher.

Alles, was wir genießen, macht uns zufrieden. Und Zufriedenheit führt zu innerer Balance und Harmonie – und damit zum Wohlfühlgewicht.

Schoko als Trosti

Ist mal wieder alles gründlich schiefgelaufen? Hat Ihre Freundin sie versetzt? Kamen Sie nach einem sündhaft teuren Friseurbesuch in einen Regenguss? Haben Sie vor lauter Arbeit zum x-ten Mal den Kinobesuch sausen lassen? Klar, dass Sie jetzt erst mal eine Tafel Schokolade brauchen. Doch halt! Muss es wirklich Schoko sein? ... Erinnern Sie sich: Wie war das, als Sie klein waren? Bekamen Sie da immer etwas Süßes, wenn Sie Trost brauchten? Solch ein „Brauch" begleitet uns oft bis ins Erwachsenenalter hinein. Zugegeben, Schokolade eignet sich wunderbar als Seelentrösterin. Allerdings nur kurzzeitig. Verwenden wir sie dauerhaft als „Krücke", rächt sich das in Form von Speckpölsterchen.

Und nicht nur das! Immer dann Schokolade zu essen, wenn man ein Trostpflaster braucht, ist keine Lösung. Oft würde hier etwas anderes viel besser helfen. Vielleicht möchten Sie in Wirklichkeit in den Arm genommen werden oder sich bei einer Freundin ausquatschen. Wenn Sie erkennen, dass Sie sich aus reiner Gewohnheit von der Schokolade trösten lassen, dann machen Sie das ab jetzt anders. Setzen Sie lieber auf eine Bewegungsart, die ausgleichend wirkt und Spaß bringt. Um innerlich lockerer zu werden, haben sich Entspannungstechniken wie Yoga, Qigong und Feldenkrais bewährt.

Wenn es aber wirklich die Schokolade ist, die Sie jetzt wollen, dann genießen Sie sie! Stück für Stück. Hören Sie auf, sobald Sie merken, dass es genug ist. Nur so entspannen Sie und schreiten mit frisch gewonnener Energie zu neuen Taten. Denn: Genuss ist das Geheimrezept gegen Frustessen, und der Ärger über zu viel Schokokonsum bleibt Ihnen erspart.

Nahrung für die Seele

Wir leben hier im Schlaraffenland. Deshalb können wir auch auf vielfältige Weise unser Bedürfnis nach Freude befriedigen. Schokolade ist nur eine Möglichkeit die Seele zu erfreuen.

Haben Sie bisher gedacht, dass nur Ihr Körper bestimmt, was in Ihrem Magen landet? Weit gefehlt! Der Körper ist nur ein Teil des Ganzen. Und zwar jener, der über die Signale „Hunger" und „Durst" unsere Nahrungs- und Getränkeauswahl beeinflusst. Nur: Das ist noch nicht alles. Ein weiterer Faktor bestimmt seit jeher unseren Speiseplan mit: die Seele. Denn wir essen ja auch, um Stress abzureagieren, Frust loszuwerden und uns wohlzufühlen. Unsere Seele versucht, uns durch den Genuss von Lebensmitteln, die eine emotionale Bedeutung für uns haben, der inneren Balance ein Stück weit näher zu bringen. Nehmen wir in unserem Fall die Schokolade. Wann essen wir die? Schokoholics doch meist, wenn etwas anderes fehlt. Und genau das ist der Punkt: Wenn wir Berge von Schokolade brauchen, um Harmonie oder innere Zufriedenheit zu verspüren, dann ist es gut möglich, dass wir uns anderweitig zu wenig Freude gegönnt haben.

Bevor jetzt der Eindruck entsteht, unsere Seele ließe sich nur durch Essen befriedigen oder harmonisieren – falsch! Es gibt so vieles, was wir ihr stattdessen anbieten können. Überlegen Sie, horchen Sie in sich hinein und testen Sie es aus: Was gibt es in Ihrem Leben, das Ihnen ähnlich gut tut? Der Plausch mit der Freundin, kuscheln mit Ihrem Liebsten, ein gutes Buch, ein warmes Bad mit Rosenduft? Ein Konzertbesuch oder ein Spaziergang im Wald? Lassen Sie Ihrer Kreativität freien Lauf! Das wird Ihre Seele ebenso zufrieden stellen wie Schoko essen. Und Sie nehmen nicht zu.

Diäten sind doof

Die meisten Diäten sind auf Verboten aufgebaut. Bei der einen müssen Sie auf Kohlenhydrate verzichten, bei der anderen auf Fett, bei der dritten dürfen Sie nur Pülverchen trinken. Eines haben all diese Diäten gemeinsam: Sie verbieten Schokolade.
Bei uns ist das anders. Denn unsere Praxiserfahrung zeigt, dass Sie sich nicht kasteien müssen, um Ihr Wunschgewicht zu erreichen. Und schon gar nicht müssen Sie darben, denn das kann dauerhaft nicht gut gehen. Deswegen: Auch wenn Sie abnehmen wollen, brauchen Sie die geliebte Schoko nicht aus Ihrem Leben zu verbannen. Abnehmen funktioniert nämlich nur dann, wenn Sie zu Ihren Bedürfnissen stehen und diese auch erfüllen. Genau das ist der Trick. Alles andere führt in einen Teufelskreis: Verzichtet man längere Zeit auf Dinge, die einem das Leben versüßen, entsteht Stress. Stress verursacht Unwohlsein. Also wird man sich – trotz aller Vorsätze – mit Nahrungsmitteln beruhigen, die als „verboten" gelten. Und die lagern sich gemeinerweise auf den Hüften ab. Daraus resultiert wieder Stress ... ein ewiger Kreislauf, der die Gewichtsreduktion behindert. Und schlimmer noch. Die Harmonie und die Zufriedenheit mit uns und unserem Körper schwinden zunehmend, die Unzufriedenheit wächst. Genau das Gegenteil von dem, was wir eigentlich wollen.

Daher: Ab jetzt ist Schluss mit Verboten! Zeit vergeuden können andere. Viel schöner ist es doch, das scheinbar Verbotene bewusst zu genießen und sich dabei dauerhaft von überflüssigen Pfunden zu verabschieden.

Das Geheimnis unseres Schoko-Abnehmprogramms lautet: „Seien Sie authentisch, stehen Sie zu Ihrer Lust auf Schokolade und geben Sie ihr bewusst nach – denn nur ein zufriedenes Gefühl führt Sie letztlich zu Ihrem persönlichen Wohlfühlgewicht."

Das Schoko-laden-Ritual

Genießen Sie Schokolade auf die beste Weise und lassen Sie sich zu einem Schokoladen-Ritual verführen. Denn der Schokogenuss zählt zu den hohen Künsten dieser Welt. Nicht jeder ist in der Lage, ein Meister dieser besonderen Kunst zu werden. Sie schon! Wir leiten Sie im Folgenden an, sich diese einmalige Fertigkeit anzueignen, damit Sie ohne Reue im Schokoladenhimmel schwelgen können!

Holen Sie sich eine extravagante Serviette oder Ihren schönsten Teller. Brechen Sie zuerst ein Stückchen Schokolade ab (siehe S. 39). Lauschen Sie dabei ganz bewusst auf das Knacken. Legen Sie die Schoko auf die Serviette oder den Teller. Brechen Sie erneut etwas ab. Nein, halt! Noch nicht in den Mund stecken. Ertasten Sie erst, wie sich die Schokolade anfühlt. Ist sie rau oder glatt? Hat sie Einkerbungen? Ist sie kühl oder kalt?

Schnuppern Sie nun an der Schokolade. Wie duftet sie? Was bewirkt der Geruch in Ihnen? Läuft Ihnen das Wasser im Mund zusammen? Fallen Ihnen Bilder ein, die Sie mit diesem Duft in Verbindung bringen? Nun führen Sie die Köstlichkeit zum Mund und knabbern eine Ecke ab. Lassen Sie das Stückchen auf Ihrer Zunge zergehen. Welche Aromen schmecken Sie? Süß, bitter, säuerlich, scharf? Vanille, Chili? Erst jetzt schlucken Sie die Schokolade.

Machen Sie eine Pause und prüfen Sie, wie Sie sich gerade fühlen und ob Sie ein weiteres Stück möchten oder nicht. Essen Sie nicht aus Gewohnheit weiter, sondern hören Sie genau hin, was Ihnen Ihre innere Stimme sagt. Wollen Sie mehr Schoko? Gut. Genießen Sie ganz bewusst das nächste Stück. Überprüfen Sie zwischendurch immer wieder, ob Sie wirklich weiteressen möchten.

Sie mögen lieber Schokokekse? Auch das geht. Die Übung funktioniert in ähnlicher Weise: Tasten, schnuppern, lauschen Sie! Nur anstatt den Schokokeks auf der Zunge zergehen zu lassen, kauen Sie ihn einfach. Ganz bewusst. Auch hier versuchen Sie, Geschmack und Konsistenz des Kekses wahrzunehmen: Wie schmeckt die Schokolade? Welches Aroma hat der Keks?

Sie mögen lieber Mousse au Chocolat? Dann führen Sie das Ritual eben mit der Mousse durch, kein Problem. Nur: Gönnen Sie sich auch für diese Speise die Zeit, sie mit allen Sinnen zu erfassen. Dazu nehmen Sie sich einen halben Teelöffel der köstlichen Raffinesse. Schnuppern Sie daran, lecken Sie ein bisschen vom Löffel runter. Hmmm! Spüren Sie, wie weich und zart sich die Mousse auf Ihrer Zunge anfühlt? Jetzt schieben Sie den Löffel in den Mund. Nein, noch nicht schlucken! Lassen Sie die Creme kurz auf der Zunge verweilen, versuchen Sie, den Geschmack genau wahrzunehmen. Wenn Ihnen danach ist, seufzen Sie vor Wonne! Bewegen Sie die Mousse ein wenig im Mund hin und her. Kauen Sie sie ein bisschen. Erst dann schlucken Sie sie hinunter. Und jetzt? Nur wenn Sie wirklich weiteressen möchten, nehmen Sie den nächsten Löffel und führen das Ritual aufs Neue durch.

Nun, vielleicht erlangt Ihr Inneres schon durch die ersten Happen ein zufriedenes Gefühl und braucht nichts weiter zu seinem Glück. Falls nicht, genießen Sie weiter – Löffel für Löffel, bis Sie sich zufrieden fühlen. Falls dann noch etwas übrig ist – bloß nicht aufessen! Seien Sie ganz mutig und stellen Sie den Rest zur Seite.

Sinnvoll essen

Regelmäßige, kohlenhydrathaltige Mahlzeiten sorgen für Power und gute Laune. Wer glücklich ist, isst weniger. Am besten für gute Stimmung sorgen Vollkornbrot, Vollkornnudeln, brauner Reis, Obst, Trocken- und Hülsenfrüchte, Kartoffeln und Milchprodukte.

Oh, wie langweilig!", denken Sie jetzt. Falsch gedacht! Sinnvolle Ernährung ist alles andere als langweilig. Im Gegenteil: Sie schmeckt, sorgt für gute Laune, ist genau das, was uns und unseren Organismus am Laufen hält. Und sie macht – weil sie alles enthält, was wir brauchen – sinnlose Schoko-Orgien überflüssig. Warum? Das schauen wir uns jetzt einmal an. Was ist denn sinnvolle Ernährung? Zuerst sind da die Kohlenhydrate, also Stärke und Zucker. Sie versorgen jede Zelle unseres Körpers mit Energie, machen uns fit und leistungsfähig. Mehr noch! Sie bringen das Glückshormon Serotonin ins Gehirn. Das macht die Kohlenhydrate zum wichtigsten Partner, wenn wir erfolgreich abnehmen wollen. Deshalb haben wir bei unserem Abnehmprogramm stärkehaltige Lebensmittel regelmäßig auf den Plan gesetzt.

Der Abnehm-Faktor Damit diese Gute-Laune-Quelle lange vorhält, ist es wichtig, Kohlenhydrate in der Vollkornvariante zu bevorzugen. Warum? Im Vollkorn stecken viele Ballaststoffe. Die quellen im Magen auf und bewirken, dass Sie sich schneller und länger satt fühlen. Sie benötigen daher nicht nur weniger Vollkornbrot als Weißbrot, sondern auch entsprechend weniger Streichfett, Käse oder Wurst. Ganz ohne Anstrengung helfen Vollkornprodukte, weniger zu essen, ohne zu hungern. Ballaststoffe stecken auch in Gemüse, Obst, Nüssen, Samen und Hülsenfrüchten. All diese Lebensmittel fördern eine gute Verdauung und damit auch unser Wohlbefinden.

Energie-Pakete Fette sind eine geniale Erfindung der Natur. Sie tragen zum guten Geschmack unseres Essens bei und beinhalten eine geballte Ladung Energie. In unserem Körper dienen sie als Wärmeschutz, stärken unser Immunsystem und unterstützen den Stoffwechsel. Doch Fett ist nicht gleich Fett! Es kommt auf die Sorte an: Ungünstig sind fettreiche, tierische Produkte – sie verwandeln sich leicht in Fettpolster.
Sogenannte Omega-3-Fettsäuren sind für unseren Organismus extrem wichtig. Und sie üben eine positive Wirkung auf die Stimmung aus. Gute Laune wiederum verhindert Frustessen und spart dadurch viele Kalorien ein. So verhelfen uns Lein-, Walnuss- und Rapsöl sowie Meeresfische zu einer guten Figur.

Bestimmte Fettsäuren heben die Stimmung. Deshalb stehen bei unserem Abnehmprogramm Walnussöl und Fisch auf der Einkaufsliste. Aber auch Lein- und Rapsöl versorgen uns mit dem Gute-Laune-Faktor.

Einzelbausteine Jede Zelle unseres Körpers benötigt Eiweiß oder „Protein". Eiweißsubstanzen erfüllen wichtige Aufgaben bei der Immunabwehr. Zudem bestehen Hormone und Enzyme aus Proteinen. Eiweiße sind aus vielen Einzelbausteinen zusammengesetzt, den Aminosäuren. Dazu zählt auch das Tryptophan, aus dem wiederum das Glückshormon Serotonin hergestellt wird. Allerdings: Isst man sehr viele eiweißhaltige Nahrungsmittel wie Fleisch, Wurst, Fisch, Eier, Quark, so gelangt nur wenig Glückshormon ins Gehirn. Denn dadurch drängeln sich andere Aminosäuren als das Tryptophan in den Vordergrund, und so wird weniger Serotonin produziert. Das bedeutet, dass zum Abnehmen eine bestimmte Menge an Eiweiß wichtig ist, ein Zuviel sich jedoch eher hinderlich auswirkt.

Schokolade als Stresskiller

Die gute Nachricht gleich vorneweg: Sie dürfen ruhig ab und an ein Stückchen Schokolade naschen, denn der Genuss der zarten Versuchung entspannt die Nerven. Schon die Inder wussten vor mehr als 5000 Jahren, dass süße Speisen beruhigend wirken. Interessant dabei ist, dass nach der Ernährungslehre der indischen Heilkunde Ayurveda nicht nur Zucker, sondern auch Fett der Geschmacksrichtung „süß" zugeordnet wird.

Schokolade enthält beides: Fett und Zucker. Genau deshalb ist sie ein optimaler Stresskiller. Kein Wunder also, dass wir uns in hektischen Zeiten besonders zu ihr hingezogen fühlen. Aber da ist noch mehr: Schokolade macht glücklich. Warum? Das lässt sich einfach so erklären: Der in der Schokolade enthaltene Zucker spült das Glückshormon Serotonin in die Gehirnzellen. Das bringt gute Laune, Ruhe und Ausgeglichenheit. Auch die Kakaobutter der Schokolade trägt ihr Quäntchen zur besseren Stimmung bei. Deren Fett setzt im Gehirn Endorphine frei – diese Substanzen wecken die Lebensgeister und sorgen für Euphorie. Ebenfalls stimmungsaufhellend wirkt das Theobromin, ein Verwandter des Koffeins. Es macht uns wach, den Kopf frei und erhöht die Konzentration.

Zu guter Letzt: Schokolade enthält auch ähnliche Stoffe, wie sie in Haschisch vorkommen: die Anadamide. Keine Sorge, nur in ganz geringen Mengen. Aber vielleicht ruft ja genau diese homöopathische Dosis die Euphorie hervor, die Schokolade so besonders wirkungsvoll macht? Wie dem auch sei – der Genuss der zarten Köstlichkeit beglückt uns durch viele verschiedene Inhaltsstoffe mit einem Stimmungshoch!

Ein Glas Wasser vor dem Essen bremst den Appetit und lässt die Haut schön glatt aussehen.

Lebensquell Unser Körper besteht überwiegend aus Wasser, nämlich zu gut 60 Prozent. Der menschliche Organismus braucht das flüssige Element als Baustoff für Blut, Lymphe und Verdauungssäfte. Außerdem benötigen wir Wasser, um reibungslos alle belastenden Substanzen über den Urin ausscheiden zu können. Wasser macht die Haut prall und schön – und gilt als Geheimwaffe gegen das Altern. Trinken Sie deshalb 1½ bis 2 Liter Flüssigkeit am Tag. Ein Trick, wie Sie leichter Ihr Wohlfühlgewicht erreichen: Beginnen Sie am besten jede Mahlzeit mit einem Glas Wasser. So fühlen Sie sich schon ein bisschen gesättigt und Sie werden sehen, Ihr Appetit fällt kleiner aus.

Powersubstanzen Ohne Mineralstoffe wäre unser Körper eine schwabbelige Masse. Erst diese Stoffe verleihen ihm die nötige Stabilität. Außerdem werden sie gebraucht, um Hormone, Enzyme und Vitamine zu bilden. Sie spielen daher eine wichtige Rolle, um den Körper in Schwung zu halten.Von Vitaminen benötigen wir nur geringe Mengen; trotzdem sind sie für unsere Gesundheit unersetzlich. Sie stärken die Immunabwehr und unterstützen einen reibungslosen Stoffwechsel. Vitamine beeinflussen also den Abnehmprozess positiv. Um möglichst viele Vitalstoffe aufzunehmen, die für die Schönheit und Gesundheit förderlich sind, sollten Sie sich täglich mit frischem Obst und Gemüse, Wild- und Gartenkräutern, Salaten sowie Vollkornprodukten verwöhnen. Kleinere Mengen an Fleisch, Wurst, Fisch, Eiern und Milchprodukten ergänzen optimal den Speiseplan.

Leuchtende Farben Haben Sie schon mal an einer Möhre oder einem Apfel geschnuppert? Hm, das riecht gut! Wie kommt's? Jedes pflanzliche Lebensmittel verströmt einen speziellen Geruch, trägt sein ureigenes Aroma in sich und leuchtet in seiner individuellen Farbe. Verantwortlich für Geruch, Farbe und Geschmack sind die sekundären Pflanzenstoffe. Im Gegensatz zu den Vitaminen und Mineralstoffen sind sie nicht lebensnotwendig. Das heißt, wenn man sie verschmäht, treten keine Mangelerscheinungen auf. Dennoch spielen sie für unsere geistige und körperliche Fitness eine ganz wesentliche Rolle. Außerdem erhöhen sie den Genuss beim Essen. Deshalb haben wir bei unserem Programm Wert auf knackigen Salat, leuchtendes Gemüse und aromatisch duftendes Obst gelegt.

Dogmatismus – nein danke! „Muss ich jetzt nur noch gesund essen?“, fragen Sie zögerlich. Nein! Gelegentliche Fehltritte beim Essen nimmt uns unser Körper meist nicht übel. Vorausgesetzt die „Grundlage“ stimmt. Nur: Wenn wir jeden Tag Berge von Süßigkeiten oder Junkfood verputzen, zeigt uns unser Organismus die gelbe Karte, beispielsweise in Form von Übergewicht. Feiern und gutes Essen gehören zum Leben dazu. Damit die vielen Kalorien nicht zu Speckröllchen werden, sparen Sie einfach vor und nach üppigem Feiern zu Hause mit dem Essen. Oder gehen Sie eine Stunde länger auf den Heimtrainer. Einen Ratschlag legen wir Ihnen besonders ans Herz: Wenn Sie sich ins Reich der Kalorienberge begeben, dann bitte mit Muße und Genuss.

Lust am Essen ist etwas Schönes. Deshalb: Genießen Sie jeden Bissen.

Wir alle wissen, dass es nicht ratsam ist, Stress und Frust permanent mit Süßem zu kompensieren. Aber was würde passieren, wenn man die innere Anspannung gar nicht ausgleichen würde? Unser Körper stünde dann unter Dauerstrom – und das hält kein Mensch längere Zeit durch. Ein Stückchen Schokolade hilft, dass der Stress besser von einem abfließen kann, und hebt die Stimmung. Im Anschluss verfügt man dann über die nötige innere Ruhe, sich Gedanken zu machen, wie sich der Stress wirklich beheben lässt.

Nehmen Sie deshalb Ihr Schoko-Verlangen als Zeichen kurz innezuhalten und gönnen Sie sich die süße Versuchung ganz bewusst. Atmen Sie ein oder zwei Mal tief durch, bevor Sie sich das erste Häppchen zu Gemüte zu führen. Richtig genossen hilft Schokolade, den psychischen und physischen Akku wieder aufzuladen und erweist sich nicht als Dickmacher.

Machen Sie die Schokolade zur Verbündeten Ihrer Seele. Denn sie hilft Ihnen herauszufinden, was Ihnen zur inneren Balance fehlt. Es kann nicht nur die Schokolade sein. Haben Sie ausreichend Spaß im Leben? Genügend Ruhe, Entspannung und Abwechslung? Schauen Sie genau hin! Denn wenn wir viel Schokolade essen, dann spiegelt das wieder, wie es uns innerlich geht. Nehmen Sie die Hinweise Ihrer Seele als positive Aufforderung und lassen Sie sich ermuntern, Neues auszuprobieren. Anstatt immer eine ganze Tafel zu vertilgen, wenn Ihr Chef Sie geärgert hat, hängen Sie lieber ein Bild von ihm über die Badewanne und bewerfen es mit Schokolade. Besser, sie klebt im Bad und nicht an Ihren Hüften. Und vielleicht gehen Sie beim nächsten Mal ja lieber gleich joggen …

Kompensieren ganz bewusst

Genuss hat Programm

Schokolade enthält eine geballte Ladung Energie in Form von Fett und Zucker. Wenn der Akku leer ist, wir uns ausgepowert fühlen, dann verhilft uns ein Rippchen zu neuer Kraft. Damit Sie die kalorienhaltige Süßigkeit nicht ständig als „Akkulade" missbrauchen, ist es wichtig, dem Körper das zu geben, was er benötigt, und ihm regelmäßige Mahlzeiten zu liefern. Keine Sorge, regelmäßig heißt nicht: täglich um 7, um 12 und um 17 Uhr. Es geht vielmehr darum, dem Organismus rechtzeitig vitalisierende Nahrung zur Verfügung zu stellen, um ein Energiemanko nicht ständig mit Süßem ausgleichen zu müssen. Ein Rippchen Schokolade aus freiem Lustgefühl zu essen, ist natürlich durchaus okay.

Welche Schokolade? Natürlich die, die Ihnen am besten schmeckt! Vergessen Sie die wohlmeinenden Ratschläge von Gesundheitsexperten, die nur bestimmte Schokosorten zum Abnehmen anpreisen. Lassen Sie Ihren Geschmack entscheiden. Denn – nur wenn Ihr Gaumen zufrieden gestellt ist, führt dies letztendlich zu einem maßvollen Verzehr.

Ihre Lieblingsschokolade verhilft Ihnen am besten zum Wohlfühlgewicht. Denn nur ein zufriedenes inneres Gefühl führt zum maßvollen Genuss.

Als Beispiel: Stellen Sie sich vor, Sie verspüren Appetit auf eine Vollmilch-Nuss-Schoko, entscheiden sich jedoch für die 70-prozentige Edelbitter, weil diese vermeintlich nicht dick macht. Was geschieht? Sie empfinden keinen Genuss und werden unweigerlich „mehr" wollen, da Ihr Inneres nicht zufrieden gestellt ist. Es verlangt nach einem wirklich befriedigenden Geschmackserlebnis. Sie essen also weiter – den Rest kennen Sie.

Gönnen Sie sich lieber gleich die Sorte, die Ihnen am besten schmeckt, egal ob Vollmilch, Edel- oder Zartbitter. Aber bleiben Sie in puncto Qualität wählerisch.

Qualität. Schokolade ist in den letzten Jahrzehnten zu einem Massenprodukt mutiert. Dies verführt dazu, für wenig Geld viele Tafeln zu kaufen. Hat man Berge von Billig-Schokolade zu Hause, verleitet dies zum zügellosen Konsum und führt nicht unbedingt dazu, lustvoll mit Schokolade umzugehen. Wenn Sie also merken, dass die Massenware Sie zum Mehressen einlädt, wird es Zeit, sich erleseneren Produkten zuzuwenden. Teurere, aber hochwertige Schokolade macht es leichter, mit weniger zufrieden zu sein. Und wenn Sie statt zwei Tafeln nur zwei Rippchen essen, gleicht sich der tiefere Griff ins Portemonnaie schnell wieder aus und der Zeiger auf der Waage steigt nicht nach oben.

Kakaoanteil. Wer bei der Qualität eines Produktes gesundheitliche Aspekte berücksichtigen möchte, sollte Wert auf einen hohen Kakaoanteil legen. Denn diese Schokolade enthält mehr Vitamine, Mineral- und sekundäre Pflanzenstoffe, also Substanzen, die unsere Vitalität steigern. Dafür weist sie weniger Zucker auf. Die Zutatenliste gibt durch die Reihenfolge der Zutaten Auskunft, welcher Bestandteil am meisten enthalten ist: Zucker, Kakaobutter oder Kakaomasse. Je später Zucker erwähnt wird, desto besser. Je größer der Anteil an Kakaomasse einer Schokolade ist, desto „hochprozentiger“ und damit „gesundheitsfördernder“ ist sie.

Exquisite Schokoladen, die es in Schokoladenfachgeschäften oder über das Internet zu kaufen gibt, haben zwar ihren Preis, verwöhnen jedoch in besonderem Maße Ihren Gaumen.

Das Verbot ist der Motor

der Lust.

Helmut Eisendle,
österreichischer Psychologe
und Schriftsteller

Einführung ins 2-Wochen-Programm

Der 2-Wochen-Ernährungsfahrplan ist so aufgebaut, dass Sie sich lange satt fühlen und in Ihrem Gehirn die Produktion des Gute-Laune-Machers Serotonin angekurbelt wird. Dies sorgt für Wohlbefinden, Zufriedenheit und Fitness, bewirkt aber auch, dass der Blutzuckerspiegel in Balance bleibt. Mehr noch: Die leckeren ausgewogenen Speisen vitalisieren Ihre Körperzellen und fördern den Abnehmprozess optimal. So können die Pfunde purzeln!

Ein bewusster Umgang mit tierischen Fetten unterstützt diesen Menüplan. Deshalb haben wir bei Milch und Milchprodukten sowie bei Wurstwaren auf eher fettarme Lebensmittel Wert gelegt. Da bestimmten Fettsäuren jedoch eine wichtige Funktion beim Abnehmen zukommt, bereichern hochwertige Öle aus Oliven oder Walnüssen in kleinen Mengen den Speiseplan.

Neben Frühstück, Mittagessen und Abendessen dürfen Sie kleine Zwischenmahlzeiten zu sich nehmen. Eine davon kann Schokolade sein!

Verschiedene Gemüsesorten, also natürliche, kalorienarme Nahrungsmittel, unterstützen das Abnehmen wesentlich. Sie sind nicht nur figurfreundlich und schmecken lecker, sondern sättigen ausgezeichnet und liefern uns zudem viele Vitalstoffe.

Zusätzlich zu den Hauptmahlzeiten ist vormittags, nachmittags und später am Abend je ein kleiner Snack erlaubt. Dies verhindert, dass Heißhungerattacken Sie überfallen und dazu verleiten, riesige Portionen zu essen. Und die Schokolade? Die darf als tägliches i-Tüpfelchen natürlich nicht fehlen. Sie dürfen pro Tag etwa

200 Kalorien in Form einer beliebigen Kakaoköstlichkeit genießen. Oder – wenn Sie das lieber mögen – heben Sie sich die „schokoladigen" Kalorien für das Wochenende auf.

Zur Orientierung So kann Ihre Zwischenmahlzeit aus Schokolade aussehen. 200 Kalorien entsprechen:

- 35 Gramm Vollmilchschokolade oder
- 40 Gramm Zartbitterschokolade oder
- 45 Gramm Edelbitterschokolade mit mindestens 60 % Kakaoanteil oder
- 3 Pralinen

Und falls Sie mal Abwechslung benötigen, können Sie aus diesen süßen Snacks wählen:

- 150 Gramm Schokopudding aus fettarmer Milch oder
- 40 Gramm Schokokekse (2 bis 3 Stück – halb Keks, halb Schokolade) oder
- 75 Gramm Mousse au Chocolat oder
- 25 Gramm Trinkpralinen, aufgelöst in 200 ml heißer, fettarmer Milch

In den Regalen der Supermärkte wird eine breite Palette an Schokonachspeisen angeboten. Suchen Sie sich einfach die aus, die in etwa 200 Kalorien aufweist. Und damit die Leckereien beim Abnehmen auch unterstützend wirken, denken Sie bitte daran, sie auch wirklich Stück für Stück oder Löffel für Löffel bewusst und in aller Ruhe zu genießen. Das zufriedene Gefühl, das sich durch den Genuss bei Ihnen einstellt, hilft Ihnen, Ihr Wohlfühlgewicht zu erreichen.

Bei Fertignachspeisen wie Schokodessert mit Sahne werfen Sie einen Blick auf die Nährwerttabelle der Verpackung. Dort ist angegeben, wie viele Kalorien pro 100 Gramm enthalten sind.

Was ist, wenn Sie zwischendurch zur Stressbewältigung mal etwas Süßes haben müssen? Dann wenden Sie einen kleinen Trick an. Teilen Sie Ihre Schokoration für den Tag in zwei Hälften. Atmen Sie ein- bis zweimal tief durch und essen Sie dann die Schokolade. Die andere Hälfte heben Sie sich für später auf und zelebrieren damit in aller Muße das Schokoladen-Ritual, siehe Seite 22. So ist gewährleistet, dass Sie einerseits die geliebte Schoko zum Stressausgleich erhalten, gleichzeitig aber üben Sie den maßvollen Genuss und strapazieren Ihre Schokoladenfreundin nicht über.

Egal, ob süß oder deftig – suchen Sie sich die Frühstücksvariante aus, die Ihnen am besten zusagt. Auch bei den Snacks können Sie beliebig wählen. Die Rezepte für das Mittag- und Abendessen sind vorgegeben.

So funktioniert es Für den Start in den Tag bieten wir Ihnen sechs Frühstücksvariationen an, aus denen Sie frei auswählen können. Ebenso dürfen Sie sich für den kleinen Hunger zwischendurch täglich drei Snacks aussuchen, darunter wahlweise auch eine Portion Schokolade. Wenn Sie sich die Schokoration tagsüber und nicht abends genehmigen, funktioniert das Abnehm-Programm am besten. Denn dann werden die Kalorien besser „abtrainiert“. Wenn Sie abends noch zehn Runden im Laufschritt um den Block gehen, ist die Schokolade natürlich auch zu etwas späterer Stunde erlaubt. Falls Sie lieber eine größere Schokoportion auf einmal naschen wollen, geht das auch. Sparen Sie sich einfach die tägliche Schokoration fürs Wochenende auf und essen Sie stattdessen ein Stück Obst. Am Samstag und Sonntag steht Ihnen dann jeweils eine 100-Gramm-Tafel Ihrer Wahl zur Verfügung. Doch erinnern Sie sich dabei an unser Schoko-Ritual und versuchen Sie, die köstliche Nascherei so sinnlich wie möglich zu erfahren. Allerdings: Die Wochenendration entspricht nicht ganz der Portion, die es im Laufe der Woche zu essen gibt, denn größere Mengen auf einmal würden den Abnehmprozess stören. Den Speiseplan für mittags und abends haben wir für Sie möglichst abwechslungsreich und vitalstoffreich zusammengestellt. Er bietet leichte und leckere Gerichte, die satt machen, aber zugleich die Pfunde purzeln lassen. Nach Lust und Laune können Sie das Programm nochmals durchführen.

Reichlich trinken. Aber richtig! Als Getränke empfehlen sich Wasser, Kräuter-, Früchte- und Rooibostee sowie in Maßen Kaffee, Schwarz- und Grüntee. Alternativ bieten sich Fruchtsaftschorlen an: Geben Sie dafür einen Zentimeter reinen Fruchtsaft in ein Glas und füllen Sie es mit (Mineral-)Wasser auf. Trinken Sie mindestens zwei Liter täglich. Falls es warm ist, Sie viel schwitzen oder Sport treiben, erhöhen Sie Ihre Trinkmenge. Auf jeden Fall sollten Sie alle Getränke ungesüßt zu sich nehmen, auch wenn Sie es bisher anders gewohnt sind. – Bitte verwenden Sie während der Abnehmphase keinerlei Süßstoff. Falls Ihre Zunge sehr an den süßen Geschmack gewöhnt ist, wird sie anfangs vielleicht rebellieren. Gönnen Sie ihr jedoch bewusst diese zuckerfreie Auszeit. Schon nach einigen Tagen Abstinenz stellt sich Ihre Zunge auf den veränderten Geschmack um und kann sich an wenig Gesüßtem „erfreuen“. Hinzu kommt: Sie werden nun umso mehr das Hagebutten- oder Rooibosaroma schmecken und genießen.

Trinken Sie am besten Wasser oder Tee – aber meiden Sie Getränke mit Zucker oder Süßstoff wie Eistee, Cola, Limonaden, Powerdrinks, Fruchtnektare, Fruchtsaft- und Light-Getränke.

Hochwertige Schokolade erkennen

Qualität offenbart sich bei Schokolade durch verschiedene Merkmale. Wenn nach dem Zerteilen die Bruchkanten sauber abgebrochen sind – ohne Krümel an der Bruchstelle –, spricht das für ein gutes Produkt. Der Schnuppertest sollte ein zartes, nicht zu aufdringliches Aroma aufweisen. Und erlesene Schokolade schmilzt langsam auf der Zunge, ohne am Gaumen zu kleben.

Ob eine Schokolade hochwertig ist, lässt auch die verwendete Kakaosorte erkennen. Es gibt gewöhnlichen Konsumkakao wie die Forastero-Sorten, die einen etwas strengeren Geschmack aufweisen. Edelkakaos wie Trinitario- und Criollosorten hingegen bieten ein exklusives, zart-bitteres und ein wenig säuerliches Aroma. Qualitätsschokolade enthält immer einen Zusatz an Edelkakao. Besonders teure Schokoladen bestehen ausschließlich aus Criollokakao. Um die Qualität festzustellen, lohnt auch immer ein Blick auf die Zutatenliste. Hier haben Austauschfette wie Sal- oder Palmfett nichts zu suchen. Nur Kakaobutter sorgt für den einmaligen Geschmack und den unvergleichlichen Glanz.

Von bedeutender Wirkung auf die Qualität ist die Conchierdauer. Je länger die Kakaomasse gerührt und gewendet wird, desto zarter sind der Schmelz und das Aroma. Schnellverfahren von acht Stunden reichen nicht aus, um beste Qualität herzustellen. Bei erlesenen Schokoladen dauert das Conchieren mehrere Tage. Wer zudem auf soziale Qualität Wert legt, kann auf TransFair-Bio-Schokolade zurückgreifen, beispielsweise von der Firma Zotter. Dabei erfährt nicht nur unser Gaumen Zufriedenheit, sondern auch die Arbeiter, die den Kakao unter guten sozialen Bedingungen anbauen.

2-Wochen-Abnehmprogramm

Die variable Diät

In unserem Menüplan haben wir für Sie ein warmes Mittagessen vorgesehen. Falls Sie mittags keine Zeit zum Kochen haben, tauschen Sie die Rezepte einfach aus. Das Abendessen lässt sich ruck, zuck morgens in 5 bis 8 Minuten zubereiten und dann problemlos mit zur Arbeit nehmen.

Sie essen lieber vegetarisch? Kein Problem. Tauschen Sie alle Fisch- und Fleischportionen durch eine vergleichbare Menge (Räucher-)Tofu aus. Was ist, wenn Sie bestimmte Früchte nicht vertragen oder bestimmte Gemüsesorten nicht mögen? Dann ersetzen Sie sie einfach durch andere. Nehmen Sie statt Karotten beispielsweise Paprika oder Stangensellerie. Lieber Reis statt Bulgur? Gerne. Nur verwenden Sie dann die Vollkornvariante oder zumindest Parboiledreis. Denn der enthält mehr fitte Vitalstoffe.

Sie sind kein allzu großer Fan von Vollkornnudeln? Ein Kompromiss: Wie wär's, wenn sie Sie mit hellen Nudeln mischen?

Alle Getreide-, Gemüse- und Obstsorten sowie die Gewürze sind Vorschläge. Lassen Sie sich gerne inspirieren, eigene Rezeptvariationen auszuprobieren. Ihrer Fantasie sind dabei keine Grenzen gesetzt. Berücksichtigen Sie nur, dass sich eventuell die Garzeiten verändern. Nur: Bei den vorgegebenen Mengen – besonders bei Fleisch, Fisch und Fett – sollten Sie sich an die Vorgaben halten.

Wir haben die Rezepte für Personen mit einem durchschnittlichen Kalorienverbrauch entwickelt. Sollten Sie körperlich schwer arbeiten, essen Sie einfach morgens und/oder abends eine Scheibe Brot mehr und lassen Sie die Snacks größer ausfallen. Die Schokoportion aber bleibt immer gleich!

Noch ein Tipp: Wenn Sie sich satt fühlen, bevor der Teller leer ist, hören Sie auf. Essen Sie wirklich nur die Menge, die Sie zum Sattwerden benötigen.

Am erfolgreichsten ist das Abnehmprogramm, wenn Sie das Abendessen nicht zu spät einnehmen, möglichst vor 19 Uhr. Große Mahlzeiten vor dem Zubettgehen halten Sie davon ab, sanft ins Reich der Träume zu gleiten. Schläft man zu wenig, neigt man dazu, mehr zu essen. Außerdem setzen sich späte Mahlzeiten gerne in Form von Fettpölsterchen ab, da die einverleibten Kalorien nicht mehr abtrainiert werden.

Das Abendessen lässt sich problemlos als Mittagsmahlzeit mit zur Arbeit nehmen.

Was tun, wenn Sie während des Zwei-Wochen-Programms zum Dinner eingeladen werden? Ganz einfach, gehen Sie hin und erfreuen Sie sich am Essen. Es gibt nur wenig zu beachten. Vermeiden Sie Frittiertes und Paniertes. Essen Sie reichlich Salat oder Gemüse. Versuchen Sie langsam und bewusst zu essen; so nehmen Sie Ihr Sättigungsgefühl besser wahr.

Wie sieht es mit einer Einladung zum Kaffeetrinken aus? Genehmigen Sie sich ein Stück Kuchen. Auch hier können Sie üben, Gabel für Gabel zu genießen. Dafür lassen Sie dann an diesem Tag die Schokoportion ausfallen.

Einkaufslisten

Die Einkaufslisten enthalten nicht die Zutaten für das Frühstück und die Zwischenmahlzeiten. Bitte wählen Sie hier je nach Gusto aus unseren Vorschlägen aus und schreiben Sie alles auf den Einkaufszettel, was Sie brauchen.

Allgemein wird benötigt

Diese Gewürze und Küchenutensilien sollten Sie während Ihres Abnehmprogramms vorrätig haben: Salz | Kräutersalz | Pfeffer | Paprikapulver | Curry | Chilipulver | Oregano | evtl. gemahlener Kreuzkümmel | 40 g Sonnenblumenkerne | 1 Flasche (Apfel-)Essig | 500 ml Olivenöl extra virgine | 1 kleine Flasche kalt gepresstes Walnussöl | 1 große Tube Tomatenmark, dreifach konzentriert | Sojasoße ohne Glutamat (erhältlich im Naturkostladen) | Küchenrolle | 1 Packung Gemüsebrühwürfel ohne Glutamat | 1 Topf Schnittlauch | Mineralwasser | Zahnstocher | Stern-Plätzchenform

1. Woche: Dies brauchen Sie ab Sonntag

- 2 rote Paprikaschoten (1 große und 1 normale Schote)
- 180 g Vollkorn-Bulgur (das Weizenprodukt ist im Naturkostladen erhältlich)
- 100 g cremiger Schafskäse
- 1 Knolle Knoblauch
- 1 Bund Frühlingszwiebeln
- 6 Scheiben Vollkornkastenbrot à 50 g
- 4 Tomaten
- 40 g Butter
- 125 g geräucherte Forelle
- 350 g TK-Erbsen
- 1 kleine, 1 mittelgroße und 1 große Karotte
- 150 g Joghurt (3,5 %)
- 580 g Kartoffeln
- 200 g leichter Frischkäse (bis 15 % Fett absolut)

1. Woche: ab Dienstag

- 1 kleiner Apfel
- 240 g Vollkornnudeln aus Hartweizengrieß
- 125 g Hühnerfleisch
- 6 Scheiben Vollkornkastenbrot à 50 g
- 5 Zwiebeln, davon 1 große
- 150 g braune Champignons
- 1 mittelgroße Zucchini (etwa 200 g)
- 1 Beet Kresse
- 250 g Magerquark
- 1 große Gurke
- 1 großer Kohlrabi
- 75 g Käse bis 40 % Fett i. Tr. (etwa 3 dünne Scheiben)
- 1 kleine Dose vegetarischen Aufstrich (50 g)

2. Woche: ab Samstag

- 180 g Vollkornreis
- 125 g Fischfilet wie Seelachs oder Rotbarsch
- 100 g Kräuterseitlinge oder Champignons
- 2 kleine Romanasalate
- 1 Vollkornbrötchen
- 4 Tomaten
- 2 Fleischtomaten
- 250 g Cherrytomaten
- 150 g saure Sahne
- 1 Paprika
- 125 g Schnittkäse bis 40 % Fett i. Tr. (ergibt etwa 5 dünne Scheiben)
- 6 Scheiben Vollkornkastenbrot à 50 g
- 1 kleine Dose vegetarischer Aufstrich (50 g)
- 100 g roher Schinken, in dünne Scheiben geschnitten, ohne Fettrand
- 4 Karotten
- 180 g Shiitakepilze oder 1 mittelgroße Zucchini (ca. 200 g)
- 200 g leichten Frischkäse (bis 15 % Fett absolut)
- 1 kleiner Kohlrabi

2. Woche: ab Mittwoch

- 2 Tomaten
- 1 Gurke
- 1 kleines Schnitzel mit 125 g
- 1 kleiner Fenchel (ca. 150 g)
- 4 Scheiben Vollkornkastenbrot à 50 g
- 400 g Kartoffeln
- 1 Paprika
- 1 Pck. Mozzarella light mit 125 g

2. Woche: letzter Tag

- 1 Scheibe Fischfilet wie Lachs (ca. 125 g)
- 1 Zitrone
- 250 g Brokkoli
- ½ Bund Dill
- 1 kleine Zucchini (ca. 150 g)
- 1 Vollkornbrötchen

Hinweise zu den Rezepten

Pro halbe Woche benötigen Sie für Mittag- und Abendessen meist 6 Scheiben Brot à 50 Gramm. Am einfachsten ist es, Sie kaufen sich ein 500-Gramm-Vollkornkastenbrot. Übrig bleibende Scheiben können Sie dann für das Frühstück verwenden, Brot lässt sich aber auch gut einfrieren.

Die Abnehmkur startet am Sonntag. Die Einkaufslisten sind so geordnet, dass Sie in der ersten Woche am Samstag und Dienstag (vor der warmen Mahlzeit), in der zweiten Woche am Samstagvormittag, am Mittwoch und noch mal am Samstag einkaufen gehen. So können Sie Ihre Besorgungen gut mit Ihrer Arbeit koordinieren und immer frische Lebensmittel genießen.

Zubereitungszeit Sie benötigen jeweils maximal 20 bis 30 Minuten für die Zubereitung der warmen Gerichte. Reis, Nudeln, Bulgur oder Kartoffeln werden meist in doppelter Menge gekocht, so können Sie am nächsten Tag schnell ein neues Gericht kreieren. Selbstverständlich können Sie die Sättigungsbeilage auch immer frisch zubereiten.

Die Mengenangaben der Rezepte sind jeweils für eine Person gedacht.

Zusatz-Tipps Wenn es ein Reisgericht gibt, weichen Sie das Getreide morgens in Wasser ein. So verkürzen Sie die Kochzeit. Wenn Sie verschiedene Pastasorten verwenden, geben Sie die dunkle Pasta ein bis zwei Minuten früher ins Kochwasser, damit beide Sorten gleichzeitig gar sind. Für die Salatsoßen verwenden wir Apfelessig. Sie können gerne einen anderen Essig verwenden. Reduzieren oder erhöhen Sie dann je nach Säuregehalt die Menge etwas.

Verlängern Sie möchten noch ein wenig mehr abnehmen? Kein Problem. Dann führen Sie das Programm einfach nochmals durch.

Für alle, die sich die Schokoportion wochentags aufgespart haben, um sie am Wochenende zu genießen, bietet sich diese fruchtige Schokoladenkreation (für einen Tag) an:

Schokofrüchtchen

200 g frische Früchte der Jahreszeit wie Erdbeeren, Pfirsiche, saftige Äpfel oder gut reife Birnen, Orangen oder auch Honigmelone | 80 g hochwertige Kuvertüre, etwa von der Firma Zotter 20 g gehackte Mandeln | 2 Zahnstocher zum Eintauchen

- Erdbeeren waschen, Stielansätze entfernen und gut abtropfen lassen. Kleinere Erdbeeren ganz lassen, größere halbieren. Birnen und Äpfel vierteln, Kerngehäuse entfernen und schälen. Pfirsiche halbieren, Kerne entfernen und die Haut abziehen. Orangen schälen und in Spalten teilen. Melone schälen und Kerne entfernen. Äpfel, Birnen, Pfirsiche, Orangen und Melonen in mundgerechte Stücke schneiden.
- Kuvertüre zerkleinern und im Wasserbad bei schwacher Hitze schmelzen lassen, dabei zwischendurch umrühren. Vorsicht, es darf dabei kein Wasser in die Schokoladenmasse gelangen.
- Mandelsplitter auf einen Teller geben. Jedes Fruchtstück mit dem Zahnstocher aufspießen und etwa 3 Millimeter in die Kuvertüre tauchen, dann die Schokoladenseite mit ein paar Mandelsplittern bestreuen und Fruchtstück mithilfe des zweiten Zahnstochers zum Trocknen auf einem Teller ablegen.
- Wenn alle Fruchtstücke mit Schoko glasiert sind, gemütlich auf die Couch setzen und Stück für Stück genießen!

Wochenende mit Kuvertüre

Neun von zehn
Schokolade.

Leuten mögen
Der Zehnte lügt.
John Tullius

Lust auf Toast

2 Scheiben Vollkorntoast
1 TL Marmelade und
1 TL Butter oder
1 TL Nussnugatcreme
25 g Schnittkäse
bis 40 % Fett i. Tr.

Brot toasten, eine Scheibe wahlweise mit etwas Butter und Marmelade oder Nussnugatcreme (ohne Butter) bestreichen, die andere Scheibe mit Käse belegen.

Körniges Vergnügen

40 g Haferflocken
1 TL Rosinen
1 TL Nüsse
1 Apfel
125 ml fettarme Milch
oder Sojamilch oder
150 g Joghurt (1,5 % Fett)

Haferflocken, Rosinen und Nüsse in ein Müslischälchen geben. Apfel waschen, vierteln, Kerngehäuse entfernen und klein schneiden. Apfel mit Milch oder Joghurt unter das Müsli rühren.

English Breakfast

40 g feine Haferflocken
1 kleine Birne
Zimt- oder Vanillepulver
1 TL Ahornsirup oder
Honig

Haferflocken mit 160 ml Wasser unter Rühren aufkochen und bei geringer Hitze 5 Minuten quellen lassen. Inzwischen die Birne waschen, vierteln, Kerngehäuse entfernen und grob raspeln. Haferporridge mit Zimt oder Vanille abschmecken, die Birne sowie Ahornsirup oder Honig unterrühren.

Herzhaft in den Tag

2 Scheiben Vollkornbrot à 50 g
1 Scheibe gekochter oder roher Schinken ohne Fettrand (ca. 20 g) oder Räuchertofu oder 1 Scheibe Käse bis 40 % Fett i. Tr.
1 TL Butter und
1 EL (20 g) Frischkäse oder 25 g vegetarischer Aufstrich

Eine Scheibe Brot dünn mit Butter bestreichen und mit Schinken, Tofu oder Käse belegen. Auf die zweite Scheibe kommt wahlweise Frischkäse oder vegetarischer Aufstrich.

TIPP

Sie können auch marinierten Tofu nehmen, der im Reformhaus oder Naturkostladen erhältlich ist.

Frühstück für Süße

2 Scheiben Vollkornbrot à 50 g
2 EL Frischkäse
2 TL Marmelade oder Honig

Brotscheiben mit Frischkäse bestreichen. Darauf je einen Teelöffel Marmelade oder Honig verteilen.

Fruchtige Verlockung

1 Vollkornbrötchen
2 EL saure Sahne
2 Prisen echter Vanillezucker
1 Portion gut reifes Obst nach Wahl und Saison

Brötchen halbieren, jede Hälfte mit saurer Sahne bestreichen und mit Vanillezucker bestreuen. Obst waschen, eventuell schälen und in Scheiben schneiden. Brötchenhälften mit den Fruchtscheiben belegen.

1./2. Woche | Zwischenmahlzeiten

Snacks für zwischendurch

Wählen Sie für den kleinen Hunger zwischendurch je nach Gusto aus:

1 großes Stück Obst wie Apfel, Birne, Orange. Bananen sind besonders gut geeignet für Menschen, die körperlich viel arbeiten

150 bis 200 g Früchte wie Erdbeeren, Himbeeren, Blaubeeren – alle ungezuckert

150 bis 200 g Gemüse, beispielsweise Gurke, Tomate, Karotte, Paprika

1 Portion Milchprodukt wie 250 g cremiger Naturjoghurt, Buttermilch oder Kefir natur

1 Portion Obst-/Milchprodukte-Mix: eine halbe Portion Joghurt, Kefir oder Ähnliches mit einer halben Portion frischem kleingeschnittenen Obst gemischt und mit einer Prise Vanillezucker bestreut

1 Knäcke-Doppeldecker, bestrichen mit 20 g (1 EL) Frischkäse

1 beliebige Schokoportion, einmal am Tag, wie 35 g Vollmilchschokolade oder 2 bis 3 Schokokekse, siehe Seite 39

Für jeden Tag sind drei Zwischenmahlzeiten gegen den Heißhunger eingeplant, eine davon kann eine Schoko-Köstlichkeit sein …

… etwa wie diese Sonnentropfen hier.

Abnehmprogramm

1. Woche

Bulgur-Paprika-Schiffchen

1 große rote Paprikaschote
3 EL Sonnenblumenkerne
60 g (etwa 3 flach gehäufte EL) Bulgur
½ Brühwürfel
50 g weicher Schafskäse
½ Bund Frühlingszwiebeln
Kräutersalz
Pfeffer
Curry

Sonnenblumenkerne ohne Fett anrösten, bis sie leicht braun sind, abkühlen lassen. Bulgur in einem Topf mit ¼ Brühwürfel und 150 ml Wasser zum Kochen bringen, anschließend 15 Minuten quellen lassen.

Paprikaschote waschen, längs halbieren, den Strunk ausbrechen und Kerne entfernen. Die Innenseite mit etwas Kräutersalz und Pfeffer bestreuen. Frühlingszwiebeln waschen und in Ringe schneiden.

Den Schafskäse würfeln. Garen Bulgur ausdampfen lassen, dann mit dem Schafskäse und den Frühlingszwiebeln vermischen. Das Ganze mit Curry abschmecken und in die Paprikahälften füllen.

¼ Brühwürfel in einen Topf mit 200 ml Wasser geben, Paprikahälften hineinsetzen und darin etwa 10 bis 15 Minuten garen. Die Brühe in ein Schälchen geben; sie kann als Suppe gegessen werden. Fertige Paprika auf einen Teller setzen, mit einem Esslöffel Sonnenblumenkernen bestreuen.

TIPP Die restlichen Kerne nach dem Abkühlen abgedeckt aufbewahren und je nach Bedarf an den Folgetagen verwenden.

Forellen-schnittchen

2 Scheiben Vollkornbrot à 50 g
2 Tomaten
2 gestrichene TL Butter
Kräutersalz
60 g geräucherte Forelle

Die Tomaten waschen, eine davon in Scheiben schneiden, die andere vierteln.

Das Brot dünn mit Butter bestreichen und mit den Tomatenscheiben belegen.

Den Fisch in mundgerechte Stücke teilen und auf den Tomaten verteilen.

Das Brot diagonal halbieren und fächerartig auf einem Teller anordnen. Die Tomatenviertel mit Kräutersalz würzen und zwischen den Brothälften platzieren.

… oder 3 Windreiter?

Mexican Dream

180 g Kartoffeln
65 g geräucherte Forelle
½ Bund Frühlingszwiebeln
1 Knoblauchzehe
½ EL Olivenöl
1 Gemüsebrühwürfel
2 Tomaten
Salz
Pfeffer
Chilipulver

Kartoffeln waschen, schälen, nochmals waschen und würfeln. Frühlingszwiebel ebenfalls waschen und in Streifen schneiden. Knoblauch schälen und in kleine Würfel schneiden. Olivenöl in einem Topf erhitzen, Hitze reduzieren und darin Frühlingszwiebeln und Knoblauch kurz anbraten. Kartoffeln, ½ l warmes Wasser sowie Brühwürfel zugeben und alles etwa 8 Minuten köcheln lassen. Dann die in Würfel geschnittenen Tomaten mit der Schale zufügen und 5 Minuten mitgaren lassen. Mit Salz, Pfeffer und Chilipulver abschmecken. Forelle in mundgerechte Stücke schneiden und in die nicht mehr kochende Suppe einlegen. Dazu passt als Vorspeise:

Flotter Erbsensalat

100 g TK-Erbsen
1 kleine Karotte (ca. 50 g)
150 g Joghurt 3,5 %
½ EL Apfelessig
Salz
Curry

Etwa 1 l Wasser zum Kochen bringen. Erbsen etwa 3 Minuten darin ziehen lassen, bis sie aufgetaut sind. Anschließend durch ein Sieb abgießen.

Karotte dünn schälen und raspeln. Eine Marinade aus Joghurt, Apfelessig, Salz und Curry anrühren, mit dem Gemüse vermischen und nochmals abschmecken.

Gruß aus dem Süden

$^1/_2$ rote Paprikaschote
40 g Frischkäse
50 g cremiger Schafskäse
Pfeffer
Paprikapulver
2 Scheiben Vollkornbrot à 50 g

Den Frischkäse in einem Schälchen mit 2 EL Wasser gut verrühren.

Den Schafskäse in Stücke schneiden, zum Frischkäse geben, mit einer Gabel zerdrücken und alles recht gut vermengen.

Die Paprikaschote waschen, in sehr kleine Würfel schneiden und unter den Käse rühren. Käsecreme mit Pfeffer und Paprikapulver abschmecken.

Die Brotscheiben jeweils längs und quer einmal durchschneiden und mit der Spitze in die Käsecreme am Rand des Schälchens stecken.

Versuchen Sie doch mal 2 Perlen von Havanna!

All I need is love.
Schokolade hier
nicht

Aber ein bisschen
und da kann auch
schaden.
Charles M. Schulz

Pasta olé!

120 g Vollkornnudeln
½ Paprikaschote
125 g Hühnchenfleisch
100 g TK-Erbsen
1½ EL Olivenöl
Sojasoße
Salz
Curry

Die Nudeln in Salzwasser kochen und durch ein Sieb abgießen. Die Hälfte der Nudeln benötigen Sie für das Mittagessen. Die restliche Pasta lassen Sie abkühlen und bewahren sie dann, mit ½ EL Olivenöl beträufelt, in einem verschlossenen Gefäß bis zum nächsten Tag im Kühlschrank auf.

Die Paprikaschote waschen, Strunk und Kerne entfernen und würfeln.

Das Hühnerfleisch waschen, trocken tupfen und in Streifen schneiden. 1 EL Olivenöl in der Pfanne erhitzen, die Hitze etwas reduzieren und das Hühnerfleisch darin mehrere Minuten unter Wenden anbraten. Die Paprikawürfel zufügen und mehrere Minuten mitbraten.

Anschließend die Erbsen zugeben und so lange mitdünsten, bis sie aufgetaut und warm sind. Dabei häufig umrühren.

Zum Schluss die Nudeln untermischen. Das Ganze mit etwas Salz, Curry und Sojasoße würzen.

Tanz der Regentropfen – 1 Handvoll …

Bunnys Lieblingsspeise

2 Scheiben Vollkornbrot à 50 g
40 g Frischkäse
1 große Karotte, 120 g
1 kleiner Apfel, ca. 120 g

Für die Marinade:
½ EL Olivenöl
½ EL Walnussöl
½ EL Essig
Salz
Curry
1 EL geröstete Sonnenblumenkerne
ein paar Stängel Schnittlauch

Für die Marinade alle Zutaten anrühren und nach Belieben abschmecken.

Karotten schaben, waschen und raspeln. Den Apfel waschen, vierteln, Kerngehäuse entfernen und mit der Schale ebenfalls raspeln. Geraspelte Möhre und Apfel mit der Marinade mischen. Nochmals abschmecken.

Den Möhren-Apfel-Salat mit gerösteten Sonnenblumenkernen bestreuen.

Die Brotscheiben mit Frischkäse bestreichen. Den Schnittlauch waschen, klein schneiden und über den Frischkäse streuen.

… oder 3 Eiskristalle.

Leckere Toastignons

2 Scheiben Vollkornkastenbrot à 50 g
150 g braune Champignons
1 größere Zwiebel
mehrere Stängel Schnittlauch
Salz
Curry
1 EL Olivenöl
60 g Frischkäse

Die Champignons mit einem Küchenpapier abreiben, putzen, eventuell eine dünne Scheibe vom Stielende entfernen. Die Pilze in feine Scheiben schneiden.

Die Zwiebel schälen und fein hacken. Den Schnittlauch waschen und klein schneiden.

Eine Pfanne erhitzen, die Hitze reduzieren, das Öl hineingeben und darin die Zwiebel unter Rühren mehrere Minuten andünsten.

Während des Dünstens die Brotscheiben toasten.

Die Champignons zu den Zwiebeln geben und nur ganz kurz mitbraten, sodass sie nicht mehr roh sind. Anschließend mit Salz und Curry würzig abschmecken.

Die Toasts auf einen Teller legen, mit dem Frischkäse bestreichen und dann mit Schnittlauch bestreuen. Die Champignons in die Mitte des Tellers platzieren.

Die verschiedenen Schokoladenmanufakturen haben in den letzten Jahren zahlreiche Schokokreationen hervorgebracht. Das Sortiment in den Fachgeschäften zeigt eine unglaubliche Vielfalt an Kakaoköstlichkeiten. So gibt es neben Vollmilch-, weißer und Zartbitterschokolade eine ganze Reihe Edelbitterschokoladen. Der Trend geht hin zu hochwertigen Schokospezialitäten, wofür erlesene Kakaosorten zum Einsatz kommen. Außerdem verlocken den Schokohungrigen Tafeln und Pralinés mit Geschmackszusätzen wie Chili, Zimt, Vanille oder Cayennepfeffer. Schokolade gibt es auch mit Rosenblütenduft, aromatisiert mit Brombeersaft, Zitronengras, Orangenmark oder Blaubeersaft zu kaufen.

Geschmack kann sich ändern

Begibt man sich auf eine Schoko-Entdeckungsreise durch die verschiedenen Sorten, so ist es möglich, dass sich der bevorzugte Schokogeschmack dabei komplett ändert. Waren Sie anfangs vielleicht ein Fan von süßer Vollmilchschokolade, so kann es sein, dass Sie nach und nach auch die Sorten mit hohem Kakao- und niedrigerem Zuckeranteil zu schätzen lernen. Seien Sie offen, dass sich Ihr Geschmack ändert.

Übrigens

Wie schmeckt nun die Schokolade am besten? Was ist vor dem Verzehr zu beachten? Gibt es so etwas wie Genusshinweise? Aber ja! Premium-Schokoladenanbieter wie Zotter geben ihren Kunden die Empfehlung, Schokolade vor dem Verzehr mindestens eine Stunde bei Zimmertemperatur „atmen“ zu lassen. So entfalten sich die Aromen optimal.

Schokoladen-Entdeckungsreise

Die Weite der Taiga

1 mittelgroße Zucchini, ca. 200 g
1½ EL Olivenöl
etwa ¾ EL Essig
Curry
180 g gekochte Nudeln vom Vortag
1 EL geröstete Sonnenblumenkerne
½ Beet Kresse

In einer Schüssel Öl, Essig und 1 EL Wasser mit etwas Salz und Curry vermischen.

Die Zucchini waschen und in die Marinade raspeln. Die vorgekochten Nudeln unterrühren.

Alles nochmals gut abschmecken und mit gerösteten Sonnenblumenkernen sowie abgeschnittener Kresse bestreuen.

TIPP

Der Salat lässt sich ganz wunderbar morgens zubereiten und als Mittagessen mit zur Arbeit nehmen. Holen Sie ihn dann am besten etwa eine Stunde vor dem Verzehr aus dem Kühlschrank.

... oder Piafs Rose, 1 Stück.

Deftiges vom Lande

400 g Kartoffeln
250 g Magerquark
½ Gurke
einige Stängel Schnittlauch
Salz
Paprikapulver
¼ Beet Kresse

Die Kartoffeln waschen. In einen Topf mit dicht schließendem Deckel zwei Zentimeter warmes Wasser füllen. Kartoffeln hineinlegen und zugedeckt je nach Größe in 15 bis 20 Minuten gar kochen.

In der Zwischenzeit den Quark mit etwas (Mineral-)Wasser cremig rühren.

Die Gurke nach Belieben schälen, grob raspeln oder in Würfel schneiden. Schnittlauch waschen, klein schneiden und zusammen mit der Gurke unter den Quark mischen. Mit Salz und Paprikapulver würzen.

Zuletzt die Kresse abschneiden und über dem Quark verteilen.

Das Kartoffelkochwasser abgießen. Die Hälfte der Kartoffeln schälen und zu dem Gurkenquark servieren. Die andere Hälfte abkühlen lassen und anschließend im Kühlschrank bis zum nächsten Tag aufbewahren.

Zur Abwechslung mal 1 Stück Touch the Soul …

Volle Lotte

2 Scheiben Vollkornbrot à 50 g
30 g fettarmer Frischkäse
Paprikapulver
½ Kohlrabi
25 g vegetarischer Aufstrich
mehrere Stängel Schnittlauch
18 Zahnstocher zum Anrichten

Den Kohlrabi schälen und mit dem Messer in 18 Stücke teilen.

Den Frischkäse auf eine Brotscheibe streichen und mit Paprikapulver bestreuen, den vegetarischen Aufstrich auf die andere Scheibe geben.

Schnittlauch waschen, klein schneiden und die Brote damit bestreuen. Jede Brotscheibe zweimal längs und zweimal quer teilen, sodass pro Scheibe 9 kleine Quadrate entstehen.

Je ein Kohlrabistück auf einen Zahnstocher spießen und in ein Brotquadrat stecken.

TIPP Sie können auch gerne eine Scheibe Brot durch zwei Scheiben Knäcke ersetzen.

... oder 3 Perlentaucher?

Wer nicht wird

genießt, ungenießbar.

Konstantin Wecker

Trojanischer Kartoffelauflauf

200 g gekochte Kartoffeln vom Vortag
Kräutersalz
1 mittelgroße Karotte
½ Kohlrabi
30 g Frischkäse
2 Scheiben Käse bis 40 % Fett i. Tr. (ca. 50 g)
½ EL Olivenöl
Salz
Pfeffer
mehrere Stängel Schnittlauch

Kartoffeln schälen, in dünne Scheiben schneiden und mit etwas Kräutersalz bestreuen.

Die Karotte schaben oder dünn schälen, waschen und klein würfeln. Den Kohlrabi schälen und ebenfalls in Würfel schneiden.

Den Frischkäse mit Wasser verrühren. Den Käse in sehr kleine Würfel schneiden.

Olivenöl in einem Topf erhitzen, darin die Gemüsewürfel bei reduzierter Hitze andünsten. Mit Salz und Pfeffer würzen und mit der Frischkäseflüssigkeit aufgießen.

Kartoffelscheiben und Käsewürfeln unter das Gemüse mengen. Im geschlossenen Topf und auf kleiner Stufe den Käse in ungefähr 5 Minuten schmelzen lassen.

Währenddessen den Schnittlauch waschen und fein schneiden. Den Kartoffelauflauf auf einem Teller anrichten und mit dem Schnittlauch bestreuen.

Für heute 1 Handvoll Alibabas Tautropfen …

Kressinis

2 Scheiben Vollkornbrot à 50 g
½ Gurke
25 g vegetarischer Aufstrich
1 gestrichener TL Butter
1 Scheibe Käse à 25 g
¼ Beet Kresse

Die Gurke waschen oder schälen und in Scheiben schneiden. Eine Gurkenscheibe mittig auf einem Teller platzieren und die anderen Scheiben kreisförmig darum herum drapieren.

Die Kresse abschneiden und auf den Gurkenscheiben verteilen.

Ein Vollkornbrot mit vegetarischem Aufstrich bestreichen, die andere Scheibe dünn mit Butter beschmieren und mit dem Käse belegen. Dazu die Gurkenscheiben servieren.

Meeres-rauschen

60 g Vollkornreis
100 g Kräuterseitlinge
oder Champignons
1 Tomate
1 kleines Seelachs- oder
Rotbarschfilet à 125 g
2 EL Tomatenmark (40 g)
50 g saure Sahne
100 g TK-Erbsen
Salz
Pfeffer
Paprikapulver
Chilipulver

Den Vollkornreis in einem Sieb waschen, mit 150 ml Wasser einige Stunden in einem Topf einweichen, am besten schon morgens. Den Reis mit der Flüssigkeit zum Kochen bringen, etwas Salz zufügen und ungefähr 35 Minuten köcheln lassen.

Den Backofen auf 200 °C vorheizen. Inzwischen die Pilze mit einem Küchentuch abreiben und in Scheiben schneiden. Die Tomate waschen und ebenfalls in Scheiben schneiden.

Das Fischfilet waschen, trocken tupfen und auf beiden Seiten mit Salz und Pfeffer würzen.

Tomatenmark mit Salz, Paprikapulver und Chilipulver würzig abschmecken, dann mit der sauren Sahne vermengen. 2 EL der Tomatensoße in einer Auflaufform verstreichen, darauf das Fischfilet platzieren.

Pilze und Tomatenscheiben auf den Fisch legen, die Erbsen darauf verteilen. Dann die restliche Tomatensoße über das Gemüse geben und den Fisch bei 200 °C etwa 20 Minuten im Backofen backen.

3 *Hoochie Coochie Man genießen …*

Ophelias Verheißung

1 Vollkornbrötchen
3 Tomaten
1 EL Olivenöl
¾ EL Essig
Kräutersalz
Pfeffer
2 Scheiben Käse à 25 g, bis 40 % Fett i. Tr.

Für den Tomatensalat die Tomaten waschen, halbieren, den Strunk entfernen, dann in Achtel schneiden.

Dann die Salatsoße vorbereiten, dazu Öl, Essig, ein Esslöffel Wasser, Salz und Pfeffer gut verrühren.

Marinade über die Tomaten gießen, gut vermischen und abschmecken.

Dazu das Vollkornbrötchen aufschneiden, mit dem Käse belegen und dazu essen.

Abnehmprogramm
2. Woche

Rote Zora

120 g Vollkornnudeln
etwas Salz
1 Zwiebel
2 Fleischtomaten
½ EL Olivenöl
2½ EL Tomatenmark (50 g)
Salz
Pfeffer
Oregano
50 g saure Sahne
1 TL Olivenöl zum Beträufeln

Wasser in einem großen Topf zum Kochen bringen, Salz und anschließend Nudeln zufügen. Die Nudeln nach Packungsangabe bissfest garen.

In der Zwischenzeit die Zwiebel schälen und fein würfeln. Tomaten waschen und in möglichst kleine Würfel schneiden.

Einen Topf erhitzen, ½ EL Olivenöl hineingeben und die Zwiebeln bei mittlerer Hitze darin andünsten. Tomatenwürfel und Tomatenmark hinzufügen und mit 150 ml Wasser aufgießen. Einmal aufkochen lassen. Herdplatte ausstellen. Die Soße würzig mit Salz, Pfeffer und Oregano abschmecken, zuletzt die saure Sahne unterrühren.

Die garen Nudeln durch ein Sieb abgießen und kurz abtropfen lassen. Die Hälfte davon auf einen Teller geben und die Tomatensoße darüber verteilen.

Die restlichen Nudeln nach dem Abkühlen in einen Behälter füllen, mit einem Teelöffel Olivenöl beträufeln und verschlossen im Kühlschrank bis zum nächsten Tag aufbewahren.

Ruf der Wildnis?
4 für mich …

Päpstlicher Salat

1 Romanasalat
½ Paprikaschote
½ EL Olivenöl
½ EL Walnussöl
½ EL Apfelessig
Salz
Paprikapulver
Pfeffer
2 Scheiben Vollkornbrot à 50 g
25 g vegetarischer Aufstrich
1 dünne Scheibe roher Schinken (ca. 20 g)
1 gestrichener TL Butter

Für die Marinade in einer Salatschüssel Öle, Essig, Salz und Gewürze mit 1 Esslöffel Wasser verrühren.

Romanasalat in Blätter teilen, waschen und gut abtropfen lassen. Die Salatblätter in mundgerechte Stücke zerteilen. Paprikaschote waschen, Strunk und Kerne entfernen und in Würfel schneiden.

Salat und Paprikawürfel mit dem Dressing mischen. Nochmals abschmecken.

Eine Scheibe Vollkornbrot dünn mit Butter beschmieren und mit dem rohen Schinken belegen. Die andere Scheibe mit dem vegetarischen Aufstrich bestreichen. Die Brote zum Salat genießen.

… oder 3 Hauch des Windes.

2. Woche | 1. Tag | Abendessen

Römische Raffinesse

180 g gekochte Nudeln vom Vortag
1 Romanasalat
50 g saure Sahne
1 TL Walnussöl
¼ EL Apfelessig
½ Paprikaschote
1 Zwiebel
60 g roher Schinken ohne Fettrand
½ EL Olivenöl
Salz
Pfeffer
Curry oder Paprikapulver

Den Romanasalat in Blätter teilen, waschen und in einem Sieb abtropfen lassen.

In einer Salatschüssel saure Sahne, Walnussöl sowie Essig vermischen und würzen. Die Paprikaschote waschen, würfeln und die Hälfte mit der Salatsoße mischen.

Die Zwiebel schälen und fein würfeln. Den Schinken in kurze Streifen schneiden.

Eine Pfanne erhitzen und Olivenöl hineingeben. Bei mittlerer Hitze die gehackte Zwiebel und den Schinken darin leicht anschwitzen. Die restlichen Paprikawürfel kurz mitdünsten, sodass sie noch knackig bleiben.

Anschließend die Nudeln zufügen und unter ständigem Wenden erhitzen. Nach Belieben mit Salz, Pfeffer und Curry oder Paprikapulver würzen.

Zuletzt die Salatblätter in mundgerechte Stücke zupfen, unter die Salatsoße mischen und abschmecken.

Heute zum Beispiel 3 Stücke Mandalas Mitte …

Mon Cherry

2 Scheiben Vollkornbrot à 50 g
1 TL Butter
25 g vegetarischer Aufstrich
1 Scheibe Käse, ca. 25 g
150 g Cherrytomaten
Zahnstocher zum Anrichten

Eine Scheibe Brot mit vegetarischem Aufstrich, die andere Scheibe mit Butter bestreichen. Letztere mit dem Käse belegen.

Cherrytomaten waschen und abtrocknen. Die Brote jeweils zweimal längs und zweimal quer durchschneiden, sodass Brothäppchen entstehen.

Die Tomaten auf Zahnstocher spießen und auf die Brotstückchen setzen.

Stark ist, wer eine Tafel
bloßen Händen in
– und dann nur

Schokolade mit
vier Teile zerbrechen kann
einen davon isst.
Unbekannt

Gruß aus Tausend-undeiner Nacht

120 g Bulgur
½ Gemüsebrühwürfel
1 Karotte, ca. 80 g
180 g Shiitakepilze oder
1 mittelgroße Zucchini (200 g)
1 kleine Knoblauchzehe
2 Scheiben Käse, ca. 50 g
½ EL Olivenöl
Salz
Paprikapulver
Pfeffer
½ EL Oregano

Bulgur in 280 ml Wasser mit dem Gemüsebrühwürfel aufkochen und bei milder Hitze etwa 15 Minuten köcheln lassen.

Karotte dünn schälen und klein würfeln. Shiitake mit einem Küchenpapier abreiben, harten Stiel entfernen und Hüte in Scheiben schneiden. Falls Sie eine Zucchini verwenden, Zucchini wie die Karotte würfeln. Knoblauch schälen und fein hacken. Käse in kleinste Würfel schneiden.

Eine Pfanne erhitzen und Öl hineinfügen. Karotten und Knoblauch zugeben und mehrere Minuten bei mittlerer Hitze unter Rühren anbraten. Anschließend Pilze oder Zucchini zufügen und etwa 5 Minuten mitdünsten. Gemüse mit Salz, Paprikapulver und Pfeffer abschmecken.

Die Hälfte des Bulgurs zusammen mit dem Käse unter das Gemüse heben, mit Oregano bestreuen und kurz bei ausgeschalteter Herdplatte und zugedeckt durchziehen lassen. Fertig!

Restlichen Bulgur abkühlen lassen und in einem verschlossenen Gefäß im Kühlschrank aufbewahren.

Erleben Sie die Sehnsucht der Loren …

Zauberhafte Sternzeit

2 Scheiben Vollkornbrot à 50 g
1 dünne Scheibe roher Schinken, ca. 20 g
30 g Frischkäse
1 gestrichenen TL Butter
1 kleiner Kohlrabi
Stern-Plätzchenform zum Ausstechen

Eine Brotscheibe dünn mit Butter bestreichen und mit Schinken belegen. Auf der anderen Scheibe den Frischkäse verteilen.

Kohlrabi schälen, in dünne Scheiben schneiden und mit der Plätzchenform Sterne ausstechen.

Kohlrabi-Sterne zum Brot knabbern.

TIPP Falls Sie wenig Zeit haben, können Sie den Kohlrabi auch einfach nur in Stifte schneiden.

... oder sind 3 Kleopatras Juwelen Ihr Favorit?

Bis die Produkte des Kakaobaumes als schokoladige Köstlichkeiten auf unserer Zunge dahinschmelzen dürfen, ist es ein weiter Weg. Nach der Ernte werden die Früchte geöffnet und die Samen herausgelöst. Unter Palmblättern bringt man sie zum Fermentieren, dabei entpuppt sich das typische Schokoladenbraun. Durch das anschließende Trocknen und Rösten entwickeln sich die für den Kakaogeschmack einzigartigen Aromastoffe. Danach entfernt man die Schalenteile, zerbricht die Bohnen in kleine Stücke und vermahlt das Ganze zu einer zähflüssigen, lecker duftenden Kakaomasse. Wird diese gepresst, fällt die Kakaobutter ab und aus dem Presskuchen entsteht durch Trocknung Kakaopulver.

Dann geht es in die Herstellung: Als Erstes wird die Kakaomasse, die sich meist aus verschiedenen Kakaosorten zusammensetzt, mit den jeweiligen Zutaten vermischt. Das sind Kakaobutter, Zucker, unter Umständen Milch- oder Sahnepulver, Lecithin und verschiedene Gewürze. Danach folgt die Veredelung. In Wärmekammern, sogenannten Conchs, wird die Schokoladenmasse ununterbrochen gerührt, gewendet, gelüftet, gedreht und erwärmt, bis sie glatt und gießfähig ist. Dieser Prozess kann bei ganz hochwertigen Produkten bis zu vier Tage dauern.

Nach dem Conchieren – dem eigentlichen Geheimnis der Schokoladenherstellung – gießt man die fertige Masse in die gewünschte Form, lässt sie abkühlen und löst sie von der Gussform. Schön verpackt landet die Schokolade dann im Verkaufsregal und wartet auf Sie.

Von der Kakaobohne zur Schokolade

Indische Tempelspeise

120 g Naturreis
etwas Salz
1 dünne Möhre
1 Zwiebel
100 g Cherrytomaten
1 EL Olivenöl
1 TL Curry
50 g TK-Erbsen
Salz
Pfeffer
50 g Frischkäse

Den Reis waschen und morgens in einem Topf mit 250 ml Wasser einweichen. Mittags etwas Salz zufügen, aufkochen und in etwa 35 Minuten garen lassen.

Das Gemüse waschen und bei Bedarf schälen. Die Möhre in dünne Scheiben schneiden, die Zwiebel achteln und die Cherrytomaten halbieren.

Olivenöl in einer Pfanne erhitzen und darin Möhre und Zwiebel bei mittlerer Hitze anschwitzen. Nach 5 Minuten mit Curry bestäuben und kurz mitrösten, bis das Gewürz gut duftet. Dann 100 ml warmes Wasser aufgießen und etwa 5 Minuten köcheln lassen.

Die Tomaten und TK-Erbsen zufügen und weitere 5 Minuten köcheln lassen.

Zuletzt mit Salz und Pfeffer abschmecken und den Frischkäse einrühren.

Die halbe Menge Reis zum Gemüsecurry servieren, die andere Hälfte abkühlen lassen und in einem verschlossenen Gefäß bis zum nächsten Tag aufbewahren.

2 Stück Schatz des Clowns …

Paladins Kreation

180 g gegarten Bulgur vom Vortag
½ Gurke
1 kleine Karotte à 50 g
2 EL Olivenöl
¾ EL Apfelessig
Salz
Pfeffer
gemahlener Kreuzkümmel oder Curry
mehrere Stängel Schnittlauch

Die Gurke schälen und in Würfel schneiden. Die Karotte schaben oder dünn schälen und grob raspeln.

Den Bulgur mit dem Gemüse vermischen.

Eine Salatsoße aus Olivenöl, Apfelessig, etwas Wasser, Salz, Pfeffer, Kreuzkümmel oder Curry zubereiten und mit dem Gemüse vermengen, abschmecken.

Zum Schluss gehackten Schnittlauch untermischen.

Bitterschokolade enthält mindestens 60 Prozent Kakaomasse.

Conchieren bedeutet, dass die Schokomasse gerührt und gewendet wird. Dadurch verflüchtigen sich Kakaosäuren, sodass ein milderes Aroma entsteht. Außerdem bildet sich durch das Rühren eine harmonische Einheit aus Kakaomasse, Kakaobutter und Zucker. Je länger conchiert wird, desto zarter ist der Schmelz.

Edelbitterschokolade weist mindestens 25 Prozent Edelkakao auf.

Kakaobutter ist der fettreiche Bestandteil der Kakaomasse.

Kakaomasse, die in ihrer Konsistenz zähflüssig ist, entsteht durch das Vermahlen der Kakaobohnenbruchstücke.

Kuvertüre besteht aus der Schokoladengrundmasse, allerdings mit einem höheren Fettanteil.

Vollmilchschokolade besteht zu mindestens 30 Prozent aus Kakaomasse. Daneben wird ihr Kakaobutter, Zucker, Milch- oder Sahnepulver und Milchfett zugefügt.

Weiße Schokolade: Wussten Sie, dass die weißen Tafeln eigentlich gar keine Schokoladen sind, da keine Kakaomasse drin ist? Sie enthalten einen großen Teil Kakaobutter (mindestens 20 Prozent) und viel Zucker (bis 55 Prozent). Zusätzlich wird mindestens 14 Prozent Milchtrockenmasse beigemischt.

Zartbitterschokolade ist gleichzusetzen mit Halbbitterschokolade. Sie weist mindestens 50 Prozent Kakaomasse auf.

Kleines Schokoladen-Einmaleins

Feuriger Beijingtopf

Reis vom Vortag
1 kleines Schnitzel
à 125 g
1 kleine Karotte (50 g)
1 kleiner Fenchel (150 g)
½ Würfel Gemüsebrühe
1 EL Sojasoße
Salz
1–2 Prisen Chilipulver
50 g Tomatenmark

Den Reis mit wenig Wasser in einen Topf geben und bei kleinster Stufe langsam erwärmen. Dabei hin und wieder umrühren.

Die Karotte dünn schälen und in feine Stifte schneiden oder hobeln. Den Fenchel waschen, Fenchelgrün entfernen, fein schneiden und zur Seite legen. Fenchelstängel abtrennen, holzige Teile abziehen, längs halbieren und in dünne Streifen schneiden. Fenchelknolle erst in Scheiben, dann in feine Streifen schneiden.

Das Schnitzel waschen, trocken tupfen, längs halbieren und in dünne Streifen schneiden.

200 ml Wasser, Gemüsebrühwürfel, Sojasoße sowie etwas Salz und Chilipulver in einen Topf geben und zum Kochen bringen. Die Hitze leicht reduzieren, die Fleischstücke hinzufügen und etwa 5 Minuten köcheln lassen.

Dann die Gemüsestreifen untermischen und weitere fünf Minuten köcheln lassen. Das Tomatenmark einrühren und abschmecken. Fenchelgrün über den Reis streuen.

Lust auf eine Reise ans Licht? Dann 3 Stück …

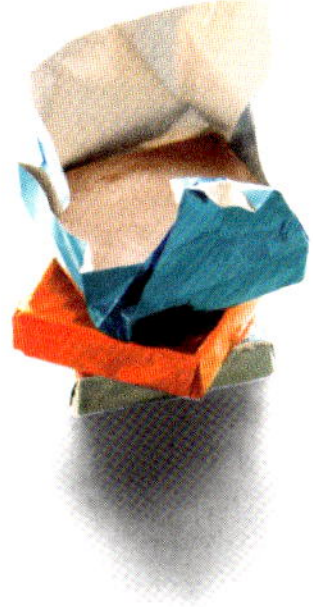

Von Elfen und Feen

2 Scheiben Vollkornbrot à 50 g
3 EL Frischkäse (60 g)
½ Gurke
Kräutersalz
Oregano
1 kleine Stern-Plätzchenform zum Ausstechen

Beide Scheiben Brot mit Frischkäse bestreichen.

Die Gurke schälen und in Scheiben schneiden. Aus den Scheiben mit der Plätzchenform Sterne ausstechen. Die Gurken-Sterne mit etwas Kräutersalz und Oregano würzen.

Das Brot mit den Gurken-Sternchen garnieren.

TIPP

Falls es schneller gehen soll, nehmen Sie einfach nur Gurkenscheiben.

... oder vielleicht 3 Seele der Elfin.

Die Seele nährt sich an dem sie

von dem,
sich freut.

Augustinus

Satchmos Fantasy

400 g Kartoffeln
1 Paprikaschote (200 g)
1 Zwiebel
1 Knoblauchzehe
1 EL Olivenöl
50 g Tomatenmark
½ Gemüsebrühwürfel
eventuell Salz, Paprikapulver, Pfeffer oder Chilipulver

Die Kartoffeln waschen. In einem Topf mit etwa 1 cm Wasser bei dicht schließendem Deckel zum Kochen bringen und in ungefähr 20 Minuten garen.

Inzwischen die Paprikaschote waschen, längs halbieren, den Strunk ausbrechen und die Kerne entfernen, dann die Schote in mittelgroße Würfel schneiden. Zwiebel und Knoblauch schälen und beides fein hacken.

Einen Topf erhitzen, das Olivenöl hinzufügen und bei mittlerer Hitze die Zwiebeln sowie den Knoblauch darin glasig dünsten. Die Paprikaschoten zugeben und ebenfalls kurz andünsten. Mit 180 ml warmem Wasser aufgießen, den Brühwürfel zugeben und alles etwa 8 bis 10 Minuten köcheln lassen. Das Tomatenmark einrühren und mit den Gewürzen nach Belieben abschmecken.

Die Kartoffeln abgießen, die Hälfte davon schälen und zum Gemüsetopf servieren.

Die andere Hälfte abkühlen lassen und im Kühlschrank abgedeckt bis zum nächsten Tag aufbewahren.

Finden Sie die Oase im Nichts! Davon kleines Schälchen …

Baden in Schokolade

Statt sie zu essen, lässt sich Schokolade auch wunderbar äußerlich anwenden. Wie wäre es beispielsweise mit einer Schokoladenmassage? Die Haut ist unser größtes Sinnesorgan, und die Inhaltsstoffe der Kakaobohnen bieten sich bestens zu ihrer Pflege an. Die Gerbsäuren im Kakao wirken straffend, die Kakaobutter und darin enthaltene Mineralien und sekundäre Pflanzenstoffe sorgen für ein jugendliches Aussehen.

Bei einer Massage wird temperierte Schokoladenmasse mit einem Anteil Mandelöl gefühlvoll in die Haut einmassiert. Dieses wunderbare Elixier pflegt zum einen und hinterlässt eine seidenweiche und glatte Haut, gleichzeitig entspannt das sinnliche Aroma der Schokolade die Nerven und hellt die Stimmung auf. Verschiedene Wellnesshotels, Heilpraktiker, Masseure oder Krankengymnasten bieten eine „Hot Chocolate Massage“ an. Hören Sie sich einfach um, besorgen Sie sich einen Katalog im Reisebüro oder gehen Sie im Internet auf die Suche!

Wenn Ihnen dazu der Aufwand zu groß ist: Ihre Haut freut sich auch über eine Massage mit einer Kakao-Bodylotion. Diese eignet sich besonders gut zur Selbstmassage. Wunderbar entspannend wirkt auch eine Schoko-Gesichtsmaske, erhältlich zum Beispiel über das Internet.

Ausgesprochene Schokoladenfreaks gönnen sich im Anschluss an die Schoko-Massage ein Tässchen Schoko-Yogi-Tee oder Rooibostee mit Kakaostückchen, um den Gaumen zu verwöhnen.

Und: Ausgewiesene Schokoliebhaber haben eine Schokoladenseife zu Hause. Damit wird selbst beim Händewaschen die Nase mit dem unvergleichlichen Schokoladenduft verwöhnt.

Verwöhngenuss für alle Sinne

Nehmen Sie sich ab und an die Zeit und gönnen Sie sich diesen Verwöhnspaß. Schwelgen Sie im Schokovergnügen. Ganz bequem und zu Hause. Sorgen Sie zunächst für eine angenehme, gelöste Atmosphäre und legen Sie Ihre Lieblings-CD ein. Dann bereiten Sie sich eine Schoko-Maske zu. Rühren Sie dazu das Schokopulver (Bezugsquelle Internet) mit lauwarmem Wasser zu einem dicklichen Brei an und tragen Sie diesen mit einem Spatel auf die Gesichtshaut auf. Augen, Mund und Nasenlöcher bleiben frei. Legen Sie sich etwa 20 Minuten hin, lauschen entspannt der Musik und atmen den Schokoduft ein. Wenn die Zeit um ist, ziehen Sie die Maske an einem Stück von der Haut ab. Spüren Sie die straffende und Fältchen glättende Wirkung?

Für trockene Haut eignet sich besonders eine Kakaobuttermaske. Tragen Sie diese sorgsam auf, Augen, Mund und Nasenlöcher aussparen. Lassen Sie die Maske zehn Minuten einwirken. Entfernen Sie sie anschließend mit einem Kosmetiktuch oder mit einem feuchten Waschlappen. Massieren Sie die Reste sanft in die Haut ein. Das Resultat: eine samtige, glatte, wohl duftende Haut.

Relaxen Sie lieber in der Badewanne? Dann werden Sie das Schoko-Wellness-Bad lieben. Rühren Sie Schokopulver in das warme Badewasser ein und geben Sie sich in aller Ruhe 15 bis 20 Minuten der wohligen Wärme und dem entspannenden Duft hin.

Schokolade stimuliert nicht nur die Sinne, sie pflegt auch die Haut. Eine Vielzahl von Schönheitsprodukten gibt es fertig zu kaufen. Schauen Sie in der Drogerie oder suchen Sie im Internet.

Tomazzella-Scheiben

2 Scheiben Vollkornbrot à 50 g
½ EL Olivenöl
2 Tomaten
Kräutersalz
½ Päckchen Mozzarella light
Oregano

Das Olivenöl auf die Brotscheiben träufeln.

Tomaten waschen, in Scheiben schneiden, die Brotscheiben damit belegen und mit Kräutersalz bestreuen.

Mozzarella in Scheiben schneiden, auf den Tomaten verteilen und mit Oregano würzen.

... oder 2 Stückchen Shambala.

Fishermans Lieblingsspeise

200 g gekochte Kartoffeln vom Vortag
1 kleines Lachsfilet à 125 g
etwas Zitronensaft
250 g Brokkoli
¼ Gemüsebrühwürfel
Pfeffer
Salz
60 g Frischkäse
½ Bund frischer Dill

Die gekochten Kartoffeln schälen und halbieren. Das Fischfilet waschen, trocken tupfen und mit etwas Zitronensaft beträufeln. Dann den Fisch in mundgerechte Stücke schneiden. Brokkoli waschen, in kleinere Röschen teilen, den Gemüsestrunk schälen und in Stücke schneiden.

Den Brühwürfel mit 125 ml Wasser in einem breiten Topf mit Deckel oder in einer Pfanne erhitzen. Brokkoliröschen hinzufügen und mit Pfeffer würzen. Den Deckel auflegen und das Gemüse etwa 5 Minuten köcheln lassen.

Das Fischfilet mit Salz und Pfeffer würzen und zwischen das Gemüse legen. Ungefähr 10 Minuten bei milder Hitze garen lassen. Nach 5 Minuten die Kartoffelhälften zum Erwärmen dazugeben.

Die Herdplatte ausschalten. Das Gemüse und den Fisch etwas an den Rand schieben und den Frischkäse zum Andicken in die Gemüsebrühe einrühren.

Vom Dill die dickeren Stiele entfernen, den Rest hacken und kurz vor dem Servieren über den Fisch streuen.

Zum Abschluss 3
Seerosen der Karibik …

Zucchini-Carpaccio

1 Vollkornbrötchen
2 gestrichene TL Butter
1 kleine Zucchini (150 g)
½ Päckchen
Mozzarella light
1 EL Olivenöl
1 EL Zitronensaft
Salz
Pfeffer

Die Zucchini waschen, in hauchdünne Scheiben schneiden und auf einem großen Teller anrichten.

Mit Zitronensaft und Öl beträufeln und mit Salz und Pfeffer würzen.

Den Mozzarella ebenfalls in dünne Scheiben schneiden und würzen. Die Mozzarellascheiben auf den Zucchinischeiben verteilen.

Das Vollkornbrötchen halbieren und dünn mit Butter bestreichen.

… oder worauf haben Sie heute Lust?

Genuss ist eine
Frage

der Fantasie.
Markus M. Ronner

Mein neues Leben

Das Geheimnis des erfolgreichen Abnehmens: Bewusst genießen!

Herzlichen Glückwunsch! In den vergangenen zwei Wochen haben Sie gelernt, mit Schokolade sorgsam umzugehen. Sie wissen jetzt, was es heißt, sie im rechten Maß zu genießen und nicht als Krücke überzustrapazieren. Nehmen Sie dieses Wissen mit in Ihren Alltag. Wenn Sie ab jetzt Schokolade aus Lust statt aus Frust essen, dann brauchen Sie sich auch keine Gedanken mehr über Ihr Wohlfühlgewicht zu machen. Denn dank der neu gewonnenen Fähigkeit zum bewussten Schlemmen wird der Genuss größer, dafür fallen die verzehrten Schokomengen kleiner aus.

Zudem haben Sie nun erlebt, wie eine vitalisierende Ernährung aussieht und wie sie wirkt. Wenn Sie sich auch weiterhin mit viel Obst, Gemüse, Salaten und Vollkornprodukten verwöhnen, bleibt Ihr Körper seiner guten Figur treu. Schokolade in Maßen tut dem keinen Abbruch. Und vielleicht schaffen Sie es ja mal, einen Tag ganz ohne auszukommen! Falls Sie weiterhin eine geführte Anleitung benötigen, so wiederholen Sie das 2-Wochen-Schoko-Abnehmprogramm einfach, gerne auch mit abgewandelten Rezeptzutaten. Wenn Sie Ihr Wohlfühlgewicht erreicht haben, dann essen Sie langsam nach und nach wieder etwas mehr. So entsteht kein Jo-Jo-Effekt.

Wir wünschen Ihnen auch weiterhin
ein genussvolles Leben.

Karin und Roland Possin

Literatur der Autoren

Possin, Karin und Roland: Sich einfach glücklich essen. Haug Verlag, Stuttgart 2008

Possin, Roland und Gienger, Zora: Fasten für Körper und Seele. Haug Verlag, Stuttgart 2008

Possin, Roland: Die Mission – Das Schicksal der Erde. Schardt Verlag, Oldenburg 2007

Possin, Roland: Mord am Steinkreis – Dartmoor-Krimi. Schardt Verlag, Oldenburg 2008

Autoren-Info

Karin und Roland Possin studierten Ökotrophologie und betreiben seit vielen Jahren in Lübeck erfolgreich eine Praxis für Ernährungsberatung. Zudem sind beide im deutschsprachigen Raum als Referenten tätig und fungieren als Ernährungscoaches für Großunternehmen. Karin Possin arbeitet zudem als Heilpraktikerin für Psychotherapie. Roland Possin hat eine Zusatzausbildung zum Ernähungsberater nach ayurvedischer Tradition absolviert. Darüber hinaus haben die beiden Ernährungswissenschaftler zahlreiche Ernährungsbücher verfasst sowie Romane geschrieben. Sie arbeiten auch für verschiedene Zeitschriften im In- und Ausland.

Internetseite: www.possin.com

Bibliografische Information der Deutschen Nationalbibliothek
Die Deutsche Nationalbibliothek verzeichnet diese Publikation in der Deutschen Nationalbibliografie; detaillierte bibliografische Daten sind im Internet über http://dnb.d-nb.de abrufbar.

Liebe Leserin, lieber Leser,

hat Ihnen dieses Buch weitergeholfen? Für Anregungen, Kritik, aber auch für Lob sind wir offen. So können wir in Zukunft noch besser auf Ihre Wünsche eingehen. Schreiben Sie uns, denn Ihre Meinung zählt!

Ihr Karl F. Haug Verlag
E-Mail Leserservice:
heike.schmid@medizinverlage.de

Adresse:
Lektorat Karl F. Haug Verlag,
Postfach 30 05 04, 70445 Stuttgart
Fax: 0711-8931-748

Programmplanung: Dr. Elvira Weißmann-Orzlowski
elvira.weissmann@medizinverlage.de

Lektorat: Helga Kronthaler

Umschlaggestaltung und Layout:
Cyclus · Visuelle Kommunikation, 70186 Stuttgart

Bildnachweis:
Umschlagfoto: Chris Meier, 70565 Stuttgart
Fotos im Innenteil: Chris Meier, 70565 Stuttgart

Bildredaktion: Christoph Frick

Printed in Germany

Satz: Cyclus · Media Produktion, 70186 Stuttgart
Druck: Grafisches Centrum Cuno, 39240 Calbe

Gedruckt auf chlorfrei gebleichtem Papier

ISBN 978-3-8304-2285-3

1 2 3 4 5 6